T&P BOOKS

I0232639

NORUEGUÊS
VOCABULÁRIO

PORTUGUÊS BRASILEIRO

PORTUGUÊS NORUEGUÊS

Para alargar o seu léxico e apurar as suas competências linguísticas

5000 palavras

Vocabulário Português Brasileiro-Norueguês - 5000 palavras
Por Andrey Taranov

Os vocabulários da T&P Books destinam-se a ajudar a aprender, a memorizar, e a rever palavras estrangeiras. O dicionário é dividido em temas, cobrindo todas as principais esferas de atividades quotidianas, negócios, ciência, cultura, etc.

O processo de aprendizagem, utilizando os dicionários baseados em temáticas da T&P Books dá-lhe as seguintes vantagens:

- Informação de origem corretamente agrupada predetermina o sucesso em fases subsequentes da memorização de palavras
- Disponibilização de palavras derivadas da mesma raiz, o que permite a memorização de unidades de texto (em vez de palavras separadas)
- Pequenas unidades de palavras facilitam o processo de estabelecimento de vínculos associativos necessários para a consolidação do vocabulário
- O nível de conhecimento da língua pode ser estimado pelo número de palavras aprendidas

T&P Books Publishing
www.tpbooks.com

ISBN: 978-1-78767-383-0

Este livro também está disponível em formato E-book.
Por favor visite www.tpbooks.com ou as principais livrarias on-line.

VOCABULÁRIO NORUEGUÊS
palavras mais úteis

Os vocabulários da T&P Books destinam-se a ajudar a aprender, a memorizar, e a rever palavras estrangeiras. O vocabulário contém mais de 5000 palavras de uso comum organizadas tematicamente.

O vocabulário contém as palavras mais comummente usadas

Recomendado como adicional para qualquer curso de línguas

Satisfaz as necessidades dos iniciados e dos alunos avançados de línguas estrangeiras

Conveniente para o uso diário, sessões de revisão e atividades de auto-teste

Permite avaliar o seu vocabulário

Características especias do vocabulário

- As palavras estão organizadas de acordo com o seu significado, e não por ordem alfabética
- As palavras são apresentadas em três colunas para facilitar os processos de revisão e auto-teste
- As palavras compostas são divididas em pequenos blocos para facilitar o processo de aprendizagem
- O vocabulário oferece uma transcrição simples e adequada de cada palavra estrangeira

O vocabulário contém 155 tópicos incluindo:

Conceitos básicos, Números, Cores, Meses, Estações do ano, Unidades de medida, Roupas & Acessórios, Alimentos & Nutrição, Restaurante, Membros da Família, Parentes, Caráter, Sentimentos, Emoções, Doenças, Cidade, Passeios, Compras, Dinheiro, Casa, Lar, Escritório, Trabalho no Escritório, Importação & Exportação, Marketing, Pesquisa de Emprego, Esportes, Educação, Computador, Internet, Ferramentas, Natureza, Países, Nacionalidades e muito mais …

TABELA DE CONTEÚDOS

GUIA DE PRONUNCIAÇÃO

Letra	Exemplo Norueguês	Alfabeto fonético T&P	Exemplo Português
Aa	plass	[ɑ], [ɑ:]	amar
Bb	bøtte, albue	[b]	barril
Cc [1]	centimeter	[s]	sanita
Cc [2]	Canada	[k]	aquilo
Dd	radius	[d]	dentista
Ee	rett	[e:]	plateia
Ee [3]	begå	[ɛ]	mesquita
Ff	fattig	[f]	safári
Gg [4]	golf	[g]	gosto
Gg [5]	gyllen	[j]	Vietnã
Gg [6]	regnbue	[ŋ]	alcançar
Hh	hektar	[ɦ]	[h] suave
Ii	kilometer	[ı], [i]	sinônimo
Kk	konge	[k]	aquilo
Kk [7]	kirke	[ɦ]	[h] suave
Jj	fjerde	[j]	Vietnã
kj	bikkje	[ɦ]	[h] suave
Ll	halvår	[l]	libra
Mm	middag	[m]	magnólia
Nn	november	[n]	natureza
ng	id_langt	[ŋ]	alcançar
Oo [8]	honning	[ɔ]	emboço
Oo [9]	fot, krone	[u]	bonita
Pp	plomme	[p]	presente
Qq	sequoia	[k]	aquilo
Rr	sverge	[r]	riscar
Ss	appelsin	[s]	sanita
sk [10]	skikk, skyte	[ʃ]	mês
Tt	stør, torsk	[t]	tulipa
Uu	brudd	[y]	questionar
Vv	kraftverk	[v]	fava
Ww	webside	[v]	fava
Xx	mexicaner	[ks]	perplexo
Yy	nytte	[ı], [i]	sinônimo
Zz [11]	New Zealand	[s]	spitz alemão
Ææ	vær, stær	[æ]	semana
Øø	ørn, gjø	[ø]	orgulhoso
Åå	gås, værhår	[o:]	albatroz

Comentários

[1] antes de e, i
[2] noutras situações
[3] não acentuado
[4] antes de a, o, u, å
[5] antes de i e y
[6] em combinação gn
[7] antes de i e y
[8] antes de duas consoantes
[9] antes de uma consoante
[10] antes de i e y
[11] apenas em estrangeirismos

ABREVIATURAS
usadas no vocabulário

Abreviaturas do Português

adj	-	adjetivo
adv	-	advérbio
anim.	-	animado
conj.	-	conjunção
desp.	-	esporte
etc.	-	Etcetera
ex.	-	por exemplo
f	-	nome feminino
f pl	-	feminino plural
fem.	-	feminino
inanim.	-	inanimado
m	-	nome masculino
m pl	-	masculino plural
m, f	-	masculino, feminino
masc.	-	masculino
mat.	-	matemática
mil.	-	militar
pl	-	plural
prep.	-	preposição
pron.	-	pronome
sb.	-	sobre
sing.	-	singular
v aux	-	verbo auxiliar
vi	-	verbo intransitivo
vi, vt	-	verbo intransitivo, transitivo
vr	-	verbo reflexivo
vt	-	verbo transitivo

Abreviaturas do Norueguês

f	-	nome feminino
f pl	-	feminino plural
m	-	nome masculino
m pl	-	masculino plural
m/f	-	masculino, neutro
m/f pl	-	masculino/feminino plural
m/f/n	-	masculino/feminino/neutro
m/n	-	masculino, feminino

n	-	neutro
n pl	-	neutro plural
pl	-	plural

CONCEITOS BÁSICOS

Conceitos básicos. Parte 1

1. Pronomes

eu	jeg	['jæj]
você	du	[dʉ]
ele	han	['hɑn]
ela	hun	['hʉn]
ele, ela (neutro)	det, den	['de], ['den]
nós	vi	['vi]
vocês	dere	['derə]
eles, elas	de	['de]

2. Cumprimentos. Saudações. Despedidas

Oi!	Hei!	['hæj]
Olá!	Hallo! God dag!	[hɑ'lʉ], [gʉ 'dɑ]
Bom dia!	God morn!	[gʉ 'mɔːn]
Boa tarde!	God dag!	[gʉ'dɑ]
Boa noite!	God kveld!	[gʉ 'kvɛl]
cumprimentar (vt)	å hilse	[ɔ 'hilsə]
Oi!	Hei!	['hæj]
saudação (f)	hilsen (m)	['hilsən]
saudar (vt)	å hilse	[ɔ 'hilsə]
Como você está?	Hvordan står det til?	['vʉːdɑn stoːr de til]
Como vai?	Hvordan går det?	['vʉːdɑn gor de]
E aí, novidades?	Hva nytt?	[vɑ 'nʏt]
Tchau!	Ha det bra!	[hɑ de 'brɑ]
Até logo!	Ha det!	[hɑ 'de]
Até breve!	Vi ses!	[vi sɛs]
Adeus!	Farvel!	[fɑr'vɛl]
despedir-se (dizer adeus)	å si farvel	[ɔ 'si fɑr'vɛl]
Até mais!	Ha det!	[hɑ 'de]
Obrigado! -a!	Takk!	['tɑk]
Muito obrigado! -a!	Tusen takk!	['tʉsən tɑk]
De nada	Bare hyggelig	['bɑrə 'hʏgeli]
Não tem de quê	Ikke noe å takke for!	['ikə 'nʉe ɔ 'tɑkə for]
Não foi nada!	Ingen årsak!	['iŋən 'oːʂɑk]
Desculpa!	Unnskyld, …	['ʉnˌsyl …]
Desculpe!	Unnskyld meg, …	['ʉnˌsyl me …]

desculpar (vt)	å unnskylde	[ɔ 'ʉnˌsylə]
desculpar-se (vr)	å unnskylde seg	[ɔ 'ʉnˌsylə sæj]
Me desculpe	Jeg ber om unnskyldning	[jæj ber ɔm 'ʉnˌsyldniŋ]
Desculpe!	Unnskyld!	['ʉnˌsyl]
perdoar (vt)	å tilgi	[ɔ 'tilˌji]
Não faz mal	Ikke noe problem	['ikə 'nʊe prʊ'blem]
por favor	vær så snill	['vær sɔ 'snil]
Não se esqueça!	Ikke glem!	['ikə 'glem]
Com certeza!	Selvfølgelig!	[sɛl'følgəli]
Claro que não!	Selvfølgelig ikke!	[sɛl'følgəli 'ikə]
Está bem! De acordo!	OK! Enig!	[ɔ'kɛj], ['ɛni]
Chega!	Det er nok!	[de ær 'nɔk]

3. Como se dirigir a alguém

Desculpe ...	Unnskyld, ...	['ʉnˌsyl ...]
senhor	Herr	['hær]
senhora	Fru	['frʉ]
senhorita	Frøken	['frøkən]
jovem	unge mann	['ʉŋə ˌman]
menino	guttunge	['gʉtˌʉŋə]
menina	frøken	['frøkən]

4. Números cardinais. Parte 1

zero	null	['nʉl]
um	en	['en]
dois	to	['tʊ]
três	tre	['tre]
quatro	fire	['fire]
cinco	fem	['fɛm]
seis	seks	['sɛks]
sete	sju	['ʂʉ]
oito	åtte	['ɔtə]
nove	ni	['ni]
dez	ti	['ti]
onze	elleve	['ɛlvə]
doze	tolv	['tɔl]
treze	tretten	['trɛtən]
catorze	fjorten	['fjɔːʈən]
quinze	femten	['fɛmtən]
dezesseis	seksten	['sæjstən]
dezessete	sytten	['sʏtən]
dezoito	atten	['atən]
dezenove	nitten	['nitən]
vinte	tjue	['çʉe]
vinte e um	tjueen	['çʉe en]

vinte e dois	tjueto	['çɥe tʊ]
vinte e três	tjuetre	['çɥe tre]
trinta	tretti	['trɛti]
trinta e um	trettien	['trɛti en]
trinta e dois	trettito	['trɛti tʊ]
trinta e três	trettitre	['trɛti tre]
quarenta	førti	['fœ:ʈi]
quarenta e um	førtien	['fœ:ʈi en]
quarenta e dois	førtito	['fœ:ʈi tʊ]
quarenta e três	førtitre	['fœ:ʈi tre]
cinquenta	femti	['fɛmti]
cinquenta e um	femtien	['fɛmti en]
cinquenta e dois	femtito	['fɛmti tʊ]
cinquenta e três	femtitre	['fɛmti tre]
sessenta	seksti	['sɛksti]
sessenta e um	sekstien	['sɛksti en]
sessenta e dois	sekstito	['sɛksti tʊ]
sessenta e três	sekstitre	['sɛksti tre]
setenta	sytti	['sʏti]
setenta e um	syttien	['sʏti en]
setenta e dois	syttito	['sʏti tʊ]
setenta e três	syttitre	['sʏti tre]
oitenta	åtti	['ɔti]
oitenta e um	åttien	['ɔti en]
oitenta e dois	åttito	['ɔti tʊ]
oitenta e três	åttitre	['ɔti tre]
noventa	nitti	['niti]
noventa e um	nittien	['niti en]
noventa e dois	nittito	['niti tʊ]
noventa e três	nittitre	['niti tre]

5. Números cardinais. Parte 2

cem	hundre	['hʊndrə]
duzentos	to hundre	['tʊ ˌhʊndrə]
trezentos	tre hundre	['tre ˌhʊndrə]
quatrocentos	fire hundre	['fire ˌhʊndrə]
quinhentos	fem hundre	['fɛm ˌhʊndrə]
seiscentos	seks hundre	['sɛks ˌhʊndrə]
setecentos	syv hundre	['syv ˌhʊndrə]
oitocentos	åtte hundre	['ɔtə ˌhʊndrə]
novecentos	ni hundre	['ni ˌhʊndrə]
mil	tusen	['tʉsən]
dois mil	to tusen	['tʊ ˌtʉsən]
três mil	tre tusen	['tre ˌtʉsən]

dez mil	ti tusen	['ti ˌtʉsən]
cem mil	hundre tusen	['hʉndrə ˌtʉsən]
um milhão	million (m)	[mi'ljun]
um bilhão	milliard (m)	[mi'lja:d]

6. Números ordinais

primeiro (adj)	første	['fœʂtə]
segundo (adj)	annen	['anən]
terceiro (adj)	tredje	['trɛdjə]
quarto (adj)	fjerde	['fjærə]
quinto (adj)	femte	['fɛmtə]
sexto (adj)	sjette	['sɛtə]
sétimo (adj)	sjuende	['ʂʉenə]
oitavo (adj)	åttende	['ɔtenə]
nono (adj)	niende	['nienə]
décimo (adj)	tiende	['tienə]

7. Números. Frações

fração (f)	brøk (m)	['brøk]
um meio	en halv	[en 'hal]
um terço	en tredjedel	[en 'trɛdjəˌdel]
um quarto	en fjerdedel	[en 'fjærəˌdel]
um oitavo	en åttendedel	[en 'ɔtenəˌdel]
um décimo	en tiendedel	[en 'tienəˌdel]
dois terços	to tredjedeler	['tʉ 'trɛdjəˌdelər]
três quartos	tre fjerdedeler	['tre 'fjærˌdelər]

8. Números. Operações básicas

subtração (f)	subtraksjon (m)	[sʉbtrak'ʂʉn]
subtrair (vi, vt)	å subtrahere	[ɔ 'sʉbtraˌherə]
divisão (f)	divisjon (m)	[divi'ʂʉn]
dividir (vt)	å dividere	[ɔ divi'derə]
adição (f)	addisjon (m)	[adi'ʂʉn]
somar (vt)	å addere	[ɔ a'derə]
adicionar (vt)	å addere	[ɔ a'derə]
multiplicação (f)	multiplikasjon (m)	[mʉltiplika'ʂʉn]
multiplicar (vt)	å multiplisere	[ɔ mʉltipli'serə]

9. Números. Diversos

algarismo, dígito (m)	siffer (n)	['sifər]
número (m)	tall (n)	['tal]

numeral (m)	**tallord** (n)	['talˌuːr]
menos (m)	**minus** (n)	['minʉs]
mais (m)	**pluss** (n)	['plʉs]
fórmula (f)	**formel** (m)	['fɔrməl]
cálculo (m)	**beregning** (m/f)	[be'rɛjniŋ]
contar (vt)	**å telle**	[ɔ 'tɛlə]
calcular (vt)	**å telle opp**	[ɔ 'tɛlə ɔp]
comparar (vt)	**å sammenlikne**	[ɔ 'samənˌliknə]
Quanto?	**Hvor mye?**	[vʊr 'mye]
Quantos? -as?	**Hvor mange?**	[vʊr 'maŋə]
soma (f)	**sum** (m)	['sʉm]
resultado (m)	**resultat** (n)	[resʉl'tat]
resto (m)	**rest** (m)	['rɛst]
alguns, algumas …	**noen**	['nʊən]
poucos, poucas	**få, ikke mange**	['fɔ], ['ikə ˌmaŋə]
um pouco de …	**lite**	['litə]
resto (m)	**rest** (m)	['rɛst]
um e meio	**halvannen**	[hal'anən]
dúzia (f)	**dusin** (n)	[dʉ'sin]
ao meio	**i 2 halvdeler**	[i tʉ hal'delər]
em partes iguais	**jevnt**	['jɛvnt]
metade (f)	**halvdel** (m)	['haldel]
vez (f)	**gang** (m)	['gaŋ]

10. Os verbos mais importantes. Parte 1

abrir (vt)	**å åpne**	[ɔ 'ɔpnə]
acabar, terminar (vt)	**å slutte**	[ɔ 'ʂlʉtə]
aconselhar (vt)	**å råde**	[ɔ 'roːdə]
adivinhar (vt)	**å gjette**	[ɔ 'jɛtə]
advertir (vt)	**å varsle**	[ɔ 'vaʂlə]
ajudar (vt)	**å hjelpe**	[ɔ 'jɛlpə]
almoçar (vi)	**å spise lunsj**	[ɔ 'spisə ˌlʉnʂ]
alugar (~ um apartamento)	**å leie**	[ɔ 'læjə]
amar (pessoa)	**å elske**	[ɔ 'ɛlskə]
ameaçar (vt)	**å true**	[ɔ 'trʉə]
anotar (escrever)	**å skrive ned**	[ɔ 'skrivə ne]
apressar-se (vr)	**å skynde seg**	[ɔ 'ʂynə sæj]
arrepender-se (vr)	**å beklage**	[ɔ be'klagə]
assinar (vt)	**å underskrive**	[ɔ 'ʉnəˌskrivə]
brincar (vi)	**å spøke**	[ɔ 'spøkə]
brincar, jogar (vi, vt)	**å leke**	[ɔ 'lekə]
buscar (vt)	**å søke …**	[ɔ 'søkə …]
caçar (vi)	**å jage**	[ɔ 'jagə]
cair (vi)	**å falle**	[ɔ 'falə]
cavar (vt)	**å grave**	[ɔ 'gravə]

chamar (~ por socorro)	å tilkalle	[ɔ 'til̩kɑlə]
chegar (vi)	å ankomme	[ɔ 'an̩kɔmə]
chorar (vi)	å gråte	[ɔ 'groːtə]
começar (vt)	å begynne	[ɔ be'jinə]
comparar (vt)	å sammenlikne	[ɔ 'samən̩liknə]
concordar (dizer "sim")	å samtykke	[ɔ 'sam̩tʏkə]
confiar (vt)	å stole på	[ɔ 'stʊlə pɔ]
confundir (equivocar-se)	å forveksle	[ɔ for'vɛkşlə]
conhecer (vt)	å kjenne	[ɔ 'çɛnə]
contar (fazer contas)	å telle	[ɔ 'tɛlə]
contar com ...	å regne med ...	[ɔ 'rɛjnə me ...]
continuar (vt)	å fortsette	[ɔ 'fort̩sɛtə]
controlar (vt)	å kontrollere	[ɔ kʊntrɔ'lerə]
convidar (vt)	å innby, å invitere	[ɔ 'inby], [ɔ invi'terə]
correr (vi)	å løpe	[ɔ 'løpə]
criar (vt)	å opprette	[ɔ 'ɔp̩rɛtə]
custar (vt)	å koste	[ɔ 'kɔstə]

11. Os verbos mais importantes. Parte 2

dar (vt)	å gi	[ɔ 'ji]
dar uma dica	å gi et vink	[ɔ 'ji et 'vink]
decorar (enfeitar)	å pryde	[ɔ 'prydə]
defender (vt)	å forsvare	[ɔ fo'şvarə]
deixar cair (vt)	å tappe	[ɔ 'tapə]
descer (para baixo)	å gå ned	[ɔ 'gɔ ne]
desculpar (vt)	å unnskylde	[ɔ 'ʉn̩sylə]
desculpar-se (vr)	å unnskylde seg	[ɔ 'ʉn̩sylə sæj]
dirigir (~ uma empresa)	å styre, å lede	[ɔ 'styrə], [ɔ 'ledə]
discutir (notícias, etc.)	å diskutere	[ɔ diskʉ'terə]
disparar, atirar (vi)	å skyte	[ɔ 'şytə]
dizer (vt)	å si	[ɔ 'si]
duvidar (vt)	å tvile	[ɔ 'tvilə]
encontrar (achar)	å finne	[ɔ 'finə]
enganar (vt)	å fuske	[ɔ 'fʉskə]
entender (vt)	å forstå	[ɔ fo'ştɔ]
entrar (na sala, etc.)	å komme inn	[ɔ 'kɔmə in]
enviar (uma carta)	å sende	[ɔ 'sɛnə]
errar (enganar-se)	å gjøre feil	[ɔ 'jørə ˌfæjl]
escolher (vt)	å velge	[ɔ 'vɛlgə]
esconder (vt)	å gjemme	[ɔ 'jɛmə]
escrever (vt)	å skrive	[ɔ 'skrivə]
esperar (aguardar)	å vente	[ɔ 'vɛntə]
esperar (ter esperança)	å håpe	[ɔ 'hoːpə]
esquecer (vt)	å glemme	[ɔ 'glemə]
estudar (vt)	å studere	[ɔ stʉ'derə]
exigir (vt)	å kreve	[ɔ 'krevə]

| existir (vi) | å eksistere | [ɔ ɛksi'sterə] |
| explicar (vt) | å forklare | [ɔ fɔr'klɑrə] |

falar (vi)	å tale	[ɔ 'tɑlə]
faltar (a la escuela, etc.)	å skulke	[ɔ 'skʉlkə]
fazer (vt)	å gjøre	[ɔ 'jørə]
ficar em silêncio	å tie	[ɔ 'tie]
gabar-se (vr)	å prale	[ɔ 'prɑlə]

gostar (apreciar)	å like	[ɔ 'likə]
gritar (vi)	å skrike	[ɔ 'skrikə]
guardar (fotos, etc.)	å beholde	[ɔ be'hɔlə]
informar (vt)	å informere	[ɔ infɔr'merə]
insistir (vi)	å insistere	[ɔ insi'sterə]

insultar (vt)	å fornærme	[ɔ fɔ:'nærmə]
interessar-se (vr)	å interessere seg	[ɔ intəre'serə sæj]
ir (a pé)	å gå	[ɔ 'gɔ]
ir nadar	å bade	[ɔ 'bɑdə]
jantar (vi)	å spise middag	[ɔ 'spisə 'mi‚dɑ]

12. Os verbos mais importantes. Parte 3

ler (vt)	å lese	[ɔ 'lesə]
libertar, liberar (vt)	å befri	[ɔ be'fri]
matar (vt)	å døde, å myrde	[ɔ 'dødə], [ɔ 'mʏ:də]
mencionar (vt)	å omtale, å nevne	[ɔ 'ɔm‚talə], [ɔ 'nɛvnə]
mostrar (vt)	å vise	[ɔ 'visə]

mudar (modificar)	å endre	[ɔ 'ɛndrə]
nadar (vi)	å svømme	[ɔ 'svœmə]
negar-se a … (vr)	å vegre seg	[ɔ 'vɛgrə sæj]
objetar (vt)	å innvende	[ɔ 'in‚vɛnə]

observar (vt)	å observere	[ɔ ɔbsɛr'verə]
ordenar (mil.)	å beordre	[ɔ be'ɔrdrə]
ouvir (vt)	å høre	[ɔ 'hørə]
pagar (vt)	å betale	[ɔ be'tɑlə]
parar (vi)	å stoppe	[ɔ 'stɔpə]

parar, cessar (vt)	å slutte	[ɔ 'ʂlʉtə]
participar (vi)	å delta	[ɔ 'dɛltɑ]
pedir (comida, etc.)	å bestille	[ɔ be'stilə]
pedir (um favor, etc.)	å be	[ɔ 'be]
pegar (tomar)	å ta	[ɔ 'tɑ]

pegar (uma bola)	å fange	[ɔ 'faŋə]
pensar (vi, vt)	å tenke	[ɔ 'tɛnkə]
perceber (ver)	å bemerke	[ɔ be'mærkə]
perdoar (vt)	å tilgi	[ɔ 'til‚ji]
perguntar (vt)	å spørre	[ɔ 'spørə]

| permitir (vt) | å tillate | [ɔ 'ti‚lɑtə] |
| pertencer a … (vi) | å tilhøre … | [ɔ 'til‚hørə …] |

planejar (vt)	å planlegge	[ɔ 'plɑnˌlegə]
poder (~ fazer algo)	å kunne	[ɔ 'kʉnə]
possuir (uma casa, etc.)	å besidde, å eie	[ɔ bɛ'sidə], [ɔ 'æje]

preferir (vt)	å foretrekke	[ɔ 'fɔrəˌtrɛkə]
preparar (vt)	å lage	[ɔ 'lɑgə]
prever (vt)	å forutse	[ɔ 'fɔrʉtˌsə]
prometer (vt)	å love	[ɔ 'lɔvə]
pronunciar (vt)	å uttale	[ɔ 'ʉtˌtɑlə]

propor (vt)	å foreslå	[ɔ 'fɔrəˌşlɔ]
punir (castigar)	å straffe	[ɔ 'strɑfə]
quebrar (vt)	å bryte	[ɔ 'brytə]
queixar-se de ...	å klage	[ɔ 'klɑgə]
querer (desejar)	å ville	[ɔ 'vilə]

13. Os verbos mais importantes. Parte 4

ralhar, repreender (vt)	å skjelle	[ɔ 'şɛ:lə]
recomendar (vt)	å anbefale	[ɔ 'ɑnbeˌfɑlə]
repetir (dizer outra vez)	å gjenta	[ɔ 'jɛntɑ]
reservar (~ um quarto)	å reservere	[ɔ resɛr'verə]
responder (vt)	å svare	[ɔ 'svɑrə]

rezar, orar (vi)	å be	[ɔ 'be]
rir (vi)	å le, å skratte	[ɔ 'le], [ɔ 'skrɑtə]
roubar (vt)	å stjele	[ɔ 'stjelə]
saber (vt)	å vite	[ɔ 'vitə]
sair (~ de casa)	å gå ut	[ɔ 'gɔ ʉt]

salvar (resgatar)	å redde	[ɔ 'rɛdə]
seguir (~ alguém)	å følge etter ...	[ɔ 'følə 'ɛtər ...]
sentar-se (vr)	å sette seg	[ɔ 'sɛtə sæj]
ser necessário	å være behøv	[ɔ 'værə bə'høv]

ser, estar	å være	[ɔ 'værə]
significar (vt)	å bety	[ɔ 'bety]
sorrir (vi)	å smile	[ɔ 'smilə]
subestimar (vt)	å undervurdere	[ɔ 'ʉnərvʉːˌderə]
surpreender-se (vr)	å bli forundret	[ɔ 'bli fɔ'rʉndrət]

tentar (~ fazer)	å prøve	[ɔ 'prøvə]
ter (vt)	å ha	[ɔ 'hɑ]
ter fome	å være sulten	[ɔ 'værə 'sʉltən]

ter medo	å frykte	[ɔ 'frʏktə]
ter sede	å være tørst	[ɔ 'værə 'tœşt]
tocar (com as mãos)	å røre	[ɔ 'rørə]
tomar café da manhã	å spise frokost	[ɔ 'spisə ˌfrʉkɔst]
trabalhar (vi)	å arbeide	[ɔ 'ɑrˌbæjdə]
traduzir (vt)	å oversette	[ɔ 'ɔvəˌşɛtə]

| unir (vt) | å forene | [ɔ fɔ'renə] |
| vender (vt) | å selge | [ɔ 'sɛlə] |

ver (vt)	å se	[ɔ 'se]
virar (~ para a direita)	å svinge	[ɔ 'sviŋə]
voar (vi)	å fly	[ɔ 'fly]

14. Cores

cor (f)	farge (m)	['fɑrgə]
tom (m)	nyanse (m)	[ny'ɑnse]
tonalidade (m)	fargetone (m)	['fɑrgə‚tʉnə]
arco-íris (m)	regnbue (m)	['ræjn‚bʉ:ə]
branco (adj)	hvit	['vit]
preto (adj)	svart	['svɑ:t]
cinza (adj)	grå	['grɔ]
verde (adj)	grønn	['grœn]
amarelo (adj)	gul	['gʉl]
vermelho (adj)	rød	['rø]
azul (adj)	blå	['blɔ]
azul claro (adj)	lyseblå	['lysə‚blɔ]
rosa (adj)	rosa	['rɔsa]
laranja (adj)	oransje	[ɔ'rɑnʂɛ]
violeta (adj)	fiolett	[fiʊ'lət]
marrom (adj)	brun	['brʉn]
dourado (adj)	gullgul	['gʉl]
prateado (adj)	sølv-	['søl-]
bege (adj)	beige	['bɛ:ʂ]
creme (adj)	kremfarget	['krɛm‚fɑrgət]
turquesa (adj)	turkis	[tʉr'kis]
vermelho cereja (adj)	kirsebærrød	['çiʂəbær‚rød]
lilás (adj)	lilla	['lila]
carmim (adj)	karminrød	['kɑrmʊ'sin‚rød]
claro (adj)	lys	['lys]
escuro (adj)	mørk	['mœrk]
vivo (adj)	klar	['klɑr]
de cor	farge-	['fɑrgə-]
a cores	farge-	['fɑrgə-]
preto e branco (adj)	svart-hvit	['svɑ:t vit]
unicolor (de uma só cor)	ensfarget	['ɛns‚fɑrgət]
multicolor (adj)	mangefarget	['maŋə‚fɑrgət]

15. Questões

Quem?	Hvem?	['vɛm]
O que?	Hva?	['va]
Onde?	Hvor?	['vʊr]
Para onde?	Hvorhen?	['vʊrhen]

De onde?	Hvorfra?	['vʊrfrɑ]
Quando?	Når?	[nɔr]
Para quê?	Hvorfor?	['vʊrfʊr]
Por quê?	Hvorfor?	['vʊrfʊr]

Para quê?	Hvorfor?	['vʊrfʊr]
Como?	Hvordan?	['vʊːdɑn]
Qual (~ é o problema?)	Hvilken?	['vilkən]
Qual (~ deles?)	Hvilken?	['vilkən]

A quem?	Til hvem?	[til 'vɛm]
De quem?	Om hvem?	[ɔm 'vɛm]
Do quê?	Om hva?	[ɔm 'vɑ]
Com quem?	Med hvem?	[me 'vɛm]

Quantos? -as?	Hvor mange?	[vʊr 'mɑŋə]
Quanto?	Hvor mye?	[vʊr 'mye]
De quem? (masc.)	Hvis?	['vis]

16. Preposições

com (prep.)	med	[me]
sem (prep.)	uten	['ʉtən]
a, para (exprime lugar)	til	['til]
sobre (ex. falar ~)	om	['ɔm]
antes de ...	før	['før]
em frente de ...	foran, framfor	['fɔrɑn], ['framfɔr]

debaixo de ...	under	['ʉnər]
sobre (em cima de)	over	['ɔvər]
em ..., sobre ...	på	['pɔ]
de, do (sou ~ Rio de Janeiro)	fra	['frɑ]
de (feito ~ pedra)	av	[ɑː]

| em (~ 3 dias) | om | ['ɔm] |
| por cima de ... | over | ['ɔvər] |

17. Palavras funcionais. Advérbios. Parte 1

Onde?	Hvor?	['vʊr]
aqui	her	['hɛr]
lá, ali	der	['dɛr]

| em algum lugar | et sted | [et 'sted] |
| em lugar nenhum | ingensteds | ['iŋənˌstɛts] |

| perto de ... | ved | ['ve] |
| perto da janela | ved vinduet | [ve 'vindʉə] |

Para onde?	Hvorhen?	['vʊrhen]
aqui	hit	['hit]
para lá	dit	['dit]

daqui	herfra	['hɛrˌfrɑ]
de lá, dali	derfra	['dɛrˌfrɑ]
perto	nær	['nær]
longe	langt	['lɑŋt]
perto de …	nær	['nær]
à mão, perto	i nærheten	[i 'nærˌhetən]
não fica longe	ikke langt	['ikə 'lɑŋt]
esquerdo (adj)	venstre	['vɛnstrə]
à esquerda	til venstre	[til 'vɛnstrə]
para a esquerda	til venstre	[til 'vɛnstrə]
direito (adj)	høyre	['højrə]
à direita	til høyre	[til 'højrə]
para a direita	til høyre	[til 'højrə]
em frente	foran	['forɑn]
da frente	fremre	['frɛmrə]
adiante (para a frente)	fram	['frɑm]
atrás de …	bakom	['bɑkɔm]
de trás	bakfra	['bɑkˌfrɑ]
para trás	tilbake	[til'bɑkə]
meio (m), metade (f)	midt (m)	['mit]
no meio	i midten	[i 'mitən]
do lado	fra siden	[frɑ 'sidən]
em todo lugar	overalt	[ɔvər'ɑlt]
por todos os lados	rundt omkring	['rʉnt ɔm'kriŋ]
de dentro	innefra	['inəˌfrɑ]
para algum lugar	et sted	[et 'sted]
diretamente	rett, direkte	['rɛt], ['di'rɛktə]
de volta	tilbake	[til'bɑkə]
de algum lugar	et eller annet steds fra	[et 'elər ˌɑːnt 'stɛts frɑ]
de algum lugar	et eller annet steds fra	[et 'elər ˌɑːnt 'stɛts frɑ]
em primeiro lugar	for det første	[for de 'fœʂtə]
em segundo lugar	for det annet	[for de 'ɑːnt]
em terceiro lugar	for det tredje	[for de 'trɛdje]
de repente	plutselig	['plʉtseli]
no início	i begynnelsen	[i be'jinəlsən]
pela primeira vez	for første gang	[for 'fœʂtə ˌgɑn]
muito antes de …	lenge før …	['lenə 'før …]
de novo	på nytt	[pɔ 'nʏt]
para sempre	for godt	[for 'gɔt]
nunca	aldri	['ɑldri]
de novo	igjen	[i'jɛn]
agora	nå	['nɔ]
frequentemente	ofte	['ɔftə]

então	da	['dɑ]
urgentemente	omgående	['ɔm,gɔːnə]
normalmente	vanligvis	['vɑnli‚vis]

a propósito, ...	forresten, ...	[fɔ'rɛstən ...]
é possível	mulig, kanskje	['mʉli], ['kanʂə]
provavelmente	sannsynligvis	[san'synli‚vis]
talvez	kanskje	['kanʂə]
além disso, ...	dessuten, ...	[des'ʉtən ...]
por isso ...	derfor ...	['dɛrfɔr ...]
apesar de ...	på tross av ...	['pɔ 'trɔs ɑː ...]
graças a ...	takket være ...	['takət ‚værə ...]

que (pron.)	hva	['vɑ]
que (conj.)	at	[at]
algo	noe	['nʉe]
alguma coisa	noe	['nʉe]
nada	ingenting	['iŋəntiŋ]

quem	hvem	['vɛm]
alguém (~ que ...)	noen	['nʉən]
alguém (com ~)	noen	['nʉən]

ninguém	ingen	['iŋən]
para lugar nenhum	ingensteds	['iŋən‚stɛts]
de ninguém	ingens	['iŋəns]
de alguém	noens	['nʉəns]

tão	så	['sɔː]
também (gostaria ~ de ...)	også	['ɔsɔ]
também (~ eu)	også	['ɔsɔ]

18. Palavras funcionais. Advérbios. Parte 2

Por quê?	Hvorfor?	['vʊrfʊr]
por alguma razão	av en eller annen grunn	[ɑː en elər 'anən ‚grʉn]
porque ...	fordi ...	[fɔ'di ...]
por qualquer razão	av en eller annen grunn	[ɑː en elər 'anən ‚grʉn]

e (tu ~ eu)	og	['ɔ]
ou (ser ~ não ser)	eller	['elər]
mas (porém)	men	['men]
para (~ a minha mãe)	for, til	[fɔr], [til]

muito, demais	for, altfor	['fɔr], ['altfɔr]
só, somente	bare	['bɑrə]
exatamente	presis, eksakt	[prɛ'sis], [ɛk'sakt]
cerca de (~ 10 kg)	cirka	['sirkɑ]

aproximadamente	omtrent	[ɔm'trɛnt]
aproximado (adj)	omtrentlig	[ɔm'trɛntli]
quase	nesten	['nɛstən]
resto (m)	rest (m)	['rɛst]
o outro (segundo)	den annen	[den 'anən]

outro (adj)	**andre**	['ɑndrə]
cada (adj)	**hver**	['vɛr]
qualquer (adj)	**hvilken som helst**	['vilkən sɔm 'hɛlst]
muito, muitos, muitas	**mye**	['mye]
muitas pessoas	**mange**	['mɑŋə]
todos	**alle**	['ɑlə]
em troca de …	**til gjengjeld for …**	[til 'jɛnjɛl fɔr …]
em troca	**istedenfor**	[i'steden͵fɔr]
à mão	**for hånd**	[fɔr 'hɔn]
pouco provável	**neppe**	['nepə]
provavelmente	**sannsynligvis**	[sɑn'synli͵vis]
de propósito	**med vilje**	[me 'vilje]
por acidente	**tilfeldigvis**	[til'fɛldivis]
muito	**meget**	['megət]
por exemplo	**for eksempel**	[fɔr ɛk'sɛmpəl]
entre	**mellom**	['mɛlɔm]
entre (no meio de)	**blant**	['blɑnt]
tanto	**så mye**	['sɔː mye]
especialmente	**særlig**	['sæːli̯]

Conceitos básicos. Parte 2

19. Dias da semana

segunda-feira (f)	mandag (m)	['man‚da]
terça-feira (f)	tirsdag (m)	['tiş‚da]
quarta-feira (f)	onsdag (m)	['ʊns‚da]
quinta-feira (f)	torsdag (m)	['toş‚da]
sexta-feira (f)	fredag (m)	['frɛ‚da]
sábado (m)	lørdag (m)	['lør‚da]
domingo (m)	søndag (m)	['søn‚da]
hoje	i dag	[i 'da]
amanhã	i morgen	[i 'mɔːən]
depois de amanhã	i overmorgen	[i 'ɔvər‚mɔːən]
ontem	i går	[i 'gɔr]
anteontem	i forgårs	[i 'fɔr‚goş]
dia (m)	dag (m)	['da]
dia (m) de trabalho	arbeidsdag (m)	['arbæjds‚da]
feriado (m)	festdag (m)	['fɛst‚da]
dia (m) de folga	fridag (m)	['fri‚da]
fim (m) de semana	ukeslutt (m), helg (f)	['ʉkə‚slʉt], ['hɛlg]
o dia todo	hele dagen	['helə 'dagən]
no dia seguinte	neste dag	['nɛstə ‚da]
há dois dias	for to dager siden	[for tʉ 'dagər ‚sidən]
na véspera	dagen før	['dagən 'før]
diário (adj)	daglig	['dagli]
todos os dias	hver dag	['vɛr da]
semana (f)	uke (m/f)	['ʉkə]
na semana passada	siste uke	['sistə 'ʉkə]
semana que vem	i neste uke	[i 'nɛstə 'ʉkə]
semanal (adj)	ukentlig	['ʉkəntli]
toda semana	hver uke	['vɛr 'ʉkə]
duas vezes por semana	to ganger per uke	['tʉ 'gaŋər per 'ʉkə]
toda terça-feira	hver tirsdag	['vɛr 'tişda]

20. Horas. Dia e noite

manhã (f)	morgen (m)	['mɔːən]
de manhã	om morgenen	[ɔm 'mɔːenən]
meio-dia (m)	middag (m)	['mi‚da]
à tarde	om ettermiddagen	[ɔm 'ɛtər‚midagən]
tardinha (f)	kveld (m)	['kvɛl]
à tardinha	om kvelden	[ɔm 'kvɛlən]

noite (f)	natt (m/f)	['nat]
à noite	om natta	[ɔm 'nata]
meia-noite (f)	midnatt (m/f)	['mid,nat]

segundo (m)	sekund (m/n)	[se'kʉn]
minuto (m)	minutt (n)	[mi'nʉt]
hora (f)	time (m)	['timə]
meia hora (f)	halvtime (m)	['hal,timə]
quarto (m) de hora	kvarter (n)	[kvɑ:ʈer]
quinze minutos	femten minutter	['fɛmtən mi'nʉtər]
vinte e quatro horas	døgn (n)	['døjn]

nascer (m) do sol	soloppgang (m)	['sʊlɔp,gɑŋ]
amanhecer (m)	daggry (n)	['dag,gry]
madrugada (f)	tidlig morgen (m)	['tili 'mɔ:ən]
pôr-do-sol (m)	solnedgang (m)	['sʊlned,gɑŋ]

de madrugada	tidlig om morgenen	['tili ɔm 'mɔ:enən]
esta manhã	i morges	[i 'mɔrəs]
amanhã de manhã	i morgen tidlig	[i 'mɔ:ən 'tili]

esta tarde	i formiddag	[i 'fɔrmi,da]
à tarde	om ettermiddagen	[ɔm 'ɛtər,midagən]
amanhã à tarde	i morgen ettermiddag	[i 'mɔ:ən 'ɛtər,mida]

esta noite, hoje à noite	i kveld	[i 'kvɛl]
amanhã à noite	i morgen kveld	[i 'mɔ:ən ˌkvɛl]

às três horas em ponto	presis klokka tre	[prɛ'sis 'klɔka tre]
por volta das quatro	ved fire-tiden	[ve 'firə ˌtidən]
às doze	innen klokken tolv	['inən 'klɔkən tɔl]

em vinte minutos	om tjue minutter	[ɔm 'ɕʉə mi'nʉtər]
em uma hora	om en time	[ɔm en 'timə]
a tempo	i tide	[i 'tidə]

... um quarto para	kvart på ...	['kvɑ:ʈ pɔ ...]
dentro de uma hora	innen en time	['inən en 'timə]
a cada quinze minutos	hvert kvarter	['vɛ:ʈ kvɑ:'ʈer]
as vinte e quatro horas	døgnet rundt	['døjne ˌrʉnt]

21. Meses. Estações

janeiro (m)	januar (m)	['janʉ,ar]
fevereiro (m)	februar (m)	['febrʉ,ar]
março (m)	mars (m)	['maʂ]
abril (m)	april (m)	[a'pril]
maio (m)	mai (m)	['maj]
junho (m)	juni (m)	['jʉni]

julho (m)	juli (m)	['jʉli]
agosto (m)	august (m)	[aʊ'gʉst]
setembro (m)	september (m)	[sep'tɛmbər]
outubro (m)	oktober (m)	[ɔk'tʊbər]

novembro (m)	november (m)	[nʊˈvɛmbər]
dezembro (m)	desember (m)	[deˈsɛmbər]
primavera (f)	vår (m)	[ˈvɔːr]
na primavera	om våren	[ɔm ˈvoːrən]
primaveril (adj)	vår-, vårlig	[ˈvɔːr-], [ˈvɔːli]
verão (m)	sommer (m)	[ˈsɔmər]
no verão	om sommeren	[ɔm ˈsɔmerən]
de verão	sommer-	[ˈsɔmər-]
outono (m)	høst (m)	[ˈhøst]
no outono	om høsten	[ɔm ˈhøstən]
outonal (adj)	høst-, høstlig	[ˈhøst-], [ˈhøstli]
inverno (m)	vinter (m)	[ˈvintər]
no inverno	om vinteren	[ɔm ˈvinterən]
de inverno	vinter-	[ˈvintər-]
mês (m)	måned (m)	[ˈmoːnət]
este mês	denne måneden	[ˈdɛnə ˈmoːnedən]
mês que vem	neste måned	[ˈnɛstə ˈmoːnət]
no mês passado	forrige måned	[ˈfɔriə ˌmoːnət]
um mês atrás	for en måned siden	[fɔr en ˈmoːnət ˌsidən]
em um mês	om en måned	[ɔm en ˈmoːnət]
em dois meses	om to måneder	[ɔm ˈtʊ ˈmoːnedər]
todo o mês	en hel måned	[en ˈhel ˈmoːnət]
um mês inteiro	hele måned	[ˈhelə ˈmoːnət]
mensal (adj)	månedlig	[ˈmoːnədli]
mensalmente	månedligt	[ˈmoːnedlət]
todo mês	hver måned	[ˌvɛr ˈmoːnət]
duas vezes por mês	to ganger per måned	[ˈtʊ ˈɡaŋər per ˈmoːnət]
ano (m)	år (n)	[ˈɔr]
este ano	i år	[i ˈoːr]
ano que vem	neste år	[ˈnɛstə ˌoːr]
no ano passado	i fjor	[i ˈfjɔr]
há um ano	for et år siden	[fɔr et ˈoːr ˌsidən]
em um ano	om et år	[ɔm et ˈoːr]
dentro de dois anos	om to år	[ɔm ˈtʊ ˈoːr]
todo o ano	hele året	[ˈhelə ˈoːre]
um ano inteiro	hele året	[ˈhelə ˈoːre]
cada ano	hvert år	[ˈvɛːʈ ˈoːr]
anual (adj)	årlig	[ˈoːli]
anualmente	årlig, hvert år	[ˈoːli], [ˈvɛːʈ ˈɔr]
quatro vezes por ano	fire ganger per år	[ˈfire ˈɡaŋər per ˈoːr]
data (~ de hoje)	dato (m)	[ˈdatʊ]
data (ex. ~ de nascimento)	dato (m)	[ˈdatʊ]
calendário (m)	kalender (m)	[kaˈlendər]
meio ano	halvår (n)	[ˈhalˌoːr]
seis meses	halvår (n)	[ˈhalˌoːr]

estação (f)	årstid (m/f)	['oːʂˌtid]
século (m)	århundre (n)	['ɔrˌhʉndrə]

22. Unidades de medida

peso (m)	vekt (m)	['vɛkt]
comprimento (m)	lengde (m/f)	['leŋdə]
largura (f)	bredde (m)	['brɛdə]
altura (f)	høyde (m)	['højdə]
profundidade (f)	dybde (m)	['dʏbdə]
volume (m)	volum (n)	[vɔ'lʉm]
área (f)	areal (n)	[ˌare'al]
grama (m)	gram (n)	['gram]
miligrama (m)	milligram (n)	['miliˌgram]
quilograma (m)	kilogram (n)	['çiluˌgram]
tonelada (f)	tonn (m/n)	['tɔn]
libra (453,6 gramas)	pund (n)	['pʉn]
onça (f)	unse (m)	['ʉnsə]
metro (m)	meter (m)	['metər]
milímetro (m)	millimeter (m)	['miliˌmetər]
centímetro (m)	centimeter (m)	['sɛntiˌmetər]
quilômetro (m)	kilometer (m)	['çiluˌmetər]
milha (f)	mil (m/f)	['mil]
polegada (f)	tomme (m)	['tɔmə]
pé (304,74 mm)	fot (m)	['fʊt]
jarda (914,383 mm)	yard (m)	['jaːrd]
metro (m) quadrado	kvadratmeter (m)	[kva'dratˌmetər]
hectare (m)	hektar (n)	['hɛktar]
litro (m)	liter (m)	['litər]
grau (m)	grad (m)	['grad]
volt (m)	volt (m)	['vɔlt]
ampère (m)	ampere (m)	[am'pɛr]
cavalo (m) de potência	hestekraft (m/f)	['hɛstəˌkraft]
quantidade (f)	mengde (m)	['mɛŋdə]
um pouco de …	få …	['fɔ …]
metade (f)	halvdel (m)	['haldel]
dúzia (f)	dusin (n)	[dʉ'sin]
peça (f)	stykke (n)	['stʏkə]
tamanho (m), dimensão (f)	størrelse (m)	['stœrəlsə]
escala (f)	målestokk (m)	['moːləˌstɔk]
mínimo (adj)	minimal	[mini'mal]
menor, mais pequeno	minste	['minstə]
médio (adj)	middel-	['midəl-]
máximo (adj)	maksimal	[maksi'mal]
maior, mais grande	største	['stœʂtə]

23. Recipientes

pote (m) de vidro	glaskrukke (m/f)	['glas,krʉkə]
lata (~ de cerveja)	boks (m)	['bɔks]
balde (m)	bøtte (m/f)	['bœtə]
barril (m)	tønne (m)	['tœnə]
bacia (~ de plástico)	vaskefat (n)	['vɑskə,fɑt]
tanque (m)	tank (m)	['tɑnk]
cantil (m) de bolso	lommelerke (m/f)	['lʉmə,lærkə]
galão (m) de gasolina	bensinkanne (m/f)	[bɛn'sin,kɑnə]
cisterna (f)	tank (m)	['tɑnk]
caneca (f)	krus (n)	['krʉs]
xícara (f)	kopp (m)	['kɔp]
pires (m)	tefat (n)	['te,fɑt]
copo (m)	glass (n)	['glɑs]
taça (f) de vinho	vinglass (n)	['vin,glɑs]
panela (f)	gryte (m/f)	['grytə]
garrafa (f)	flaske (m)	['flɑskə]
gargalo (m)	flaskehals (m)	['flɑskə,hɑls]
jarra (f)	karaffel (m)	[kɑ'rɑfəl]
jarro (m)	mugge (m/f)	['mʉgə]
recipiente (m)	beholder (m)	[be'hɔlər]
pote (m)	pott, potte (m)	['pɔt], ['pɔtə]
vaso (m)	vase (m)	['vɑsə]
frasco (~ de perfume)	flakong (m)	[flɑ'kɔŋ]
frasquinho (m)	flaske (m/f)	['flɑskə]
tubo (m)	tube (m)	['tʉbə]
saco (ex. ~ de açúcar)	sekk (m)	['sɛk]
sacola (~ plastica)	pose (m)	['pʉsə]
maço (de cigarros, etc.)	pakke (m/f)	['pɑkə]
caixa (~ de sapatos, etc.)	eske (m/f)	['ɛskə]
caixote (~ de madeira)	kasse (m/f)	['kɑsə]
cesto (m)	kurv (m)	['kʉrv]

O SER HUMANO

O ser humano. O corpo

24. Cabeça

cabeça (f)	hode (n)	['hʊdə]
rosto, cara (f)	ansikt (n)	['ansikt]
nariz (m)	nese (m/f)	['nesə]
boca (f)	munn (m)	['mʉn]
olho (m)	øye (n)	['øjə]
olhos (m pl)	øyne (n pl)	['øjnə]
pupila (f)	pupill (m)	[pʉ'pil]
sobrancelha (f)	øyenbryn (n)	['øjənˌbryn]
cílio (f)	øyenvipp (m)	['øjənˌvip]
pálpebra (f)	øyelokk (m)	['øjəˌlɔk]
língua (f)	tunge (m/f)	['tʉŋə]
dente (m/f)	tann (m/f)	['tan]
lábios (m pl)	lepper (m/f pl)	['lepər]
maçãs (f pl) do rosto	kinnbein (n pl)	['çinˌbæjn]
gengiva (f)	tannkjøtt (n)	['tanˌçœt]
palato (m)	gane (m)	['ganə]
narinas (f pl)	nesebor (n pl)	['nesəˌbʊr]
queixo (m)	hake (m/f)	['hakə]
mandíbula (f)	kjeve (m)	['çɛvə]
bochecha (f)	kinn (n)	['çin]
testa (f)	panne (m/f)	['panə]
têmpora (f)	tinning (m)	['tiniŋ]
orelha (f)	øre (n)	['ørə]
costas (f pl) da cabeça	bakhode (n)	['bakˌhodə]
pescoço (m)	hals (m)	['hals]
garganta (f)	strupe, hals (m)	['strʉpə], ['hals]
cabelo (m)	hår (n pl)	['hɔr]
penteado (m)	frisyre (m)	[fri'syrə]
corte (m) de cabelo	hårfasong (m)	['hoːrfaˌsɔŋ]
peruca (f)	parykk (m)	[pa'rʏk]
bigode (m)	mustasje (m)	[mʉ'staʂə]
barba (f)	skjegg (n)	['ʂɛg]
ter (~ barba, etc.)	å ha	[ɔ 'ha]
trança (f)	flette (m/f)	['fletə]
suíças (f pl)	bakkenbarter (pl)	['bakənˌbaːʈər]
ruivo (adj)	rødhåret	['røˌhoːrət]
grisalho (adj)	grå	['grɔ]

| careca (adj) | skallet | ['skalət] |
| calva (f) | skallet flekk (m) | ['skalət ˌflek] |

| rabo-de-cavalo (m) | hestehale (m) | ['hɛstəˌhalə] |
| franja (f) | pannelugg (m) | ['panəˌlɵg] |

25. Corpo humano

| mão (f) | hånd (m/f) | ['hɔn] |
| braço (m) | arm (m) | ['arm] |

dedo (m)	finger (m)	['fiŋər]
dedo (m) do pé	tå (m/f)	['tɔ]
polegar (m)	tommel (m)	['toməl]
dedo (m) mindinho	lillefinger (m)	['liləˌfiŋər]
unha (f)	negl (m)	['nɛjl]

punho (m)	knyttneve (m)	['knʏtˌnevə]
palma (f)	håndflate (m/f)	['hɔnˌflatə]
pulso (m)	håndledd (n)	['hɔnˌled]
antebraço (m)	underarm (m)	['ɵnərˌarm]
cotovelo (m)	albue (m)	['alˌbɵə]
ombro (m)	skulder (m)	['skɵldər]

perna (f)	bein (n)	['bæjn]
pé (m)	fot (m)	['fʊt]
joelho (m)	kne (n)	['knɛ]
panturrilha (f)	legg (m)	['leg]
quadril (m)	hofte (m)	['hoftə]
calcanhar (m)	hæl (m)	['hæl]

corpo (m)	kropp (m)	['krɔp]
barriga (f), ventre (m)	mage (m)	['magə]
peito (m)	bryst (n)	['brʏst]
seio (m)	bryst (n)	['brʏst]
lado (m)	side (m/f)	['sidə]
costas (dorso)	rygg (m)	['rʏg]
região (f) lombar	korsrygg (m)	['kɔːʂˌrʏg]
cintura (f)	liv (n), midje (m/f)	['liv], ['midjə]

umbigo (m)	navle (m)	['navlə]
nádegas (f pl)	rumpeballer (m pl)	['rɵmpəˌbalər]
traseiro (m)	bak (m)	['bak]

sinal (m), pinta (f)	føflekk (m)	['føˌflek]
sinal (m) de nascença	fødselsmerke (n)	['føtsəlsˌmærke]
tatuagem (f)	tatovering (m/f)	[tatu'vɛriŋ]
cicatriz (f)	arr (n)	['ar]

Vestuário & Acessórios

26. Roupa exterior. Casacos

roupa (f)	klær (n)	['klær]
roupa (f) exterior	yttertøy (n)	['ytəˌtøj]
roupa (f) de inverno	vinterklær (n pl)	['vintərˌklær]
sobretudo (m)	frakk (m), kåpe (m/f)	['frɑk], ['koːpə]
casaco (m) de pele	pels (m), pelskåpe (m/f)	['pɛls], ['pɛlsˌkoːpə]
jaqueta (f) de pele	pelsjakke (m/f)	['pɛlsˌjakə]
casaco (m) acolchoado	dunjakke (m/f)	['dʉnˌjakə]
casaco (m), jaqueta (f)	jakke (m/f)	['jakə]
impermeável (m)	regnfrakk (m)	['ræjnˌfrɑk]
a prova d'água	vanntett	['vɑnˌtɛt]

27. Vestuário de homem & mulher

camisa (f)	skjorte (m/f)	['ʂœːʈə]
calça (f)	bukse (m)	['bʉksə]
jeans (m)	jeans (m)	['dʒins]
paletó, terno (m)	dressjakke (m/f)	['drɛsˌjakə]
terno (m)	dress (m)	['drɛs]
vestido (ex. ~ de noiva)	kjole (m)	['çʉlə]
saia (f)	skjørt (n)	['ʂøːt]
blusa (f)	bluse (m)	['blʉsə]
casaco (m) de malha	strikket trøye (m/f)	['strikə 'trøjə]
casaco, blazer (m)	blazer (m)	['blæsər]
camiseta (f)	T-skjorte (m/f)	['teˌʂœːʈə]
short (m)	shorts (m)	['ʂɔːʈs]
training (m)	treningsdrakt (m/f)	['treniŋsˌdrɑkt]
roupão (m) de banho	badekåpe (m/f)	['bɑdəˌkoːpə]
pijama (m)	pyjamas (m)	[pyˈʂɑmɑs]
suéter (m)	sweater (m)	['svɛtər]
pulôver (m)	pullover (m)	[pʉˈlovər]
colete (m)	vest (m)	['vɛst]
fraque (m)	livkjole (m)	['livˌçʉlə]
smoking (m)	smoking (m)	['smɔkiŋ]
uniforme (m)	uniform (m)	[ʉniˈfɔrm]
roupa (f) de trabalho	arbeidsklær (n pl)	['ɑrbæjdsˌklær]
macacão (m)	kjeledress, overall (m)	['çeləˌdrɛs], ['ovərˌɔl]
jaleco (m), bata (f)	kittel (m)	['çitəl]

28. Vestuário. Roupa interior

roupa (f) íntima	undertøy (n)	['ʉnəˌtøj]
cueca boxer (f)	underbukse (m/f)	['ʉnərˌbʉksə]
calcinha (f)	truse (m/f)	['trʉsə]
camiseta (f)	undertrøye (m/f)	['ʉnəˌtrøjə]
meias (f pl)	sokker (m pl)	['sɔkər]
camisola (f)	nattkjole (m)	['natˌçʉlə]
sutiã (m)	behå (m)	['beˌhɔ]
meias longas (f pl)	knestrømper (m/f pl)	['knɛˌstrømpər]
meias-calças (f pl)	strømpebukse (m/f)	['strømpəˌbʉksə]
meias (~ de nylon)	strømper (m/f pl)	['strømpər]
maiô (m)	badedrakt (m/f)	['badəˌdrakt]

29. Adereços de cabeça

chapéu (m), touca (f)	hatt (m)	['hat]
chapéu (m) de feltro	hatt (m)	['hat]
boné (m) de beisebol	baseball cap (m)	['bɛjsbɔl kɛp]
boina (~ italiana)	sikspens (m)	['sikspens]
boina (ex. ~ basca)	alpelue, baskerlue (m/f)	['alpəˌlʉə], ['baskəˌlʉə]
capuz (m)	hette (m/f)	['hɛtə]
chapéu panamá (m)	panamahatt (m)	['panamaˌhat]
touca (f)	strikket lue (m/f)	['strikəˌlʉə]
lenço (m)	skaut (n)	['skaʉt]
chapéu (m) feminino	hatt (m)	['hat]
capacete (m) de proteção	hjelm (m)	['jɛlm]
bibico (m)	båtlue (m/f)	['bɔtˌlʉə]
capacete (m)	hjelm (m)	['jɛlm]
chapéu-coco (m)	bowlerhatt, skalk (m)	['bɔulerˌhat], ['skalk]
cartola (f)	flosshatt (m)	['flɔsˌhat]

30. Calçado

calçado (m)	skotøy (n)	['skʊtøj]
botinas (f pl), sapatos (m pl)	skor (m pl)	['skʊr]
sapatos (de salto alto, etc.)	pumps (m pl)	['pʉmps]
botas (f pl)	støvler (m pl)	['støvlər]
pantufas (f pl)	tøfler (m pl)	['tøflər]
tênis (~ Nike, etc.)	tennissko (m pl)	['tɛnisˌskʊ]
tênis (~ Converse)	canvas sko (m pl)	['kanvas ˌskʊ]
sandálias (f pl)	sandaler (m pl)	[san'dalər]
sapateiro (m)	skomaker (m)	['skʊˌmakər]
salto (m)	hæl (m)	['hæl]

par (m)	par (n)	['pɑr]
cadarço (m)	skolisse (m/f)	['skuˌlisə]
amarrar os cadarços	å snøre	[ɔ 'snørə]
calçadeira (f)	skohorn (n)	['skuˌhuː\n]
graxa (f) para calçado	skokrem (m)	['skuˌkrɛm]

31. Acessórios pessoais

luva (f)	hansker (m pl)	['hɑnskər]
mitenes (f pl)	votter (m pl)	['vɔtər]
cachecol (m)	skjerf (n)	['şærf]
óculos (m pl)	briller (m pl)	['brilər]
armação (f)	innfatning (m/f)	['inˌfatniŋ]
guarda-chuva (m)	paraply (m)	[pɑrɑ'ply]
bengala (f)	stokk (m)	['stɔk]
escova (f) para o cabelo	hårbørste (m)	['hɔrˌbœştə]
leque (m)	vifte (m/f)	['viftə]
gravata (f)	slips (n)	['slips]
gravata-borboleta (f)	sløyfe (m/f)	['şløjfə]
suspensórios (m pl)	bukseseler (m pl)	['buksəˈselər]
lenço (m)	lommetørkle (n)	['lυməˌtœrklə]
pente (m)	kam (m)	['kɑm]
fivela (f) para cabelo	hårspenne (m/f/n)	['hoːrˌspɛnə]
grampo (m)	hårnål (m/f)	['hoːrˌnol]
fivela (f)	spenne (m/f/n)	['spɛnə]
cinto (m)	belte (m)	['bɛltə]
alça (f) de ombro	skulderreim, rem (m/f)	['skuldəˌræjm], ['rem]
bolsa (f)	veske (m/f)	['vɛskə]
bolsa (feminina)	håndveske (m/f)	['hɔnˌvɛskə]
mochila (f)	ryggsekk (m)	['rʏgˌsɛk]

32. Vestuário. Diversos

moda (f)	mote (m)	['mυtə]
na moda (adj)	moteriktig	['mυtəˌrikti]
estilista (m)	moteskaper (m)	['mυtəˌskɑpər]
colarinho (m)	krage (m)	['krɑgə]
bolso (m)	lomme (m/f)	['lυmə]
de bolso	lomme-	['lυmə-]
manga (f)	erme (n)	['ærmə]
ganchinho (m)	hempe (m)	['hɛmpə]
bragueta (f)	gylf, buksesmekk (m)	['gylf], ['buksəˌsmɛk]
zíper (m)	glidelås (m/n)	['glidəˌlɔs]
colchete (m)	hekte (m/f), knepping (m)	['hɛktə], ['knɛpiŋ]
botão (m)	knapp (m)	['knɑp]

botoeira (casa de botão)	klapphull (n)	['klɑp,hʉl]
soltar-se (vr)	å falle av	[ɔ 'falə ɑ:]
costurar (vi)	å sy	[ɔ 'sy]
bordar (vt)	å brodere	[ɔ brʉ'derə]
bordado (m)	broderi (n)	[brʉde'ri]
agulha (f)	synål (m/f)	['sy,nɔl]
fio, linha (f)	tråd (m)	['trɔ]
costura (f)	søm (m)	['søm]
sujar-se (vr)	å skitne seg til	[ɔ 'ʂitnə sæj til]
mancha (f)	flekk (m)	['flek]
amarrotar-se (vr)	å bli skrukkete	[ɔ 'bli 'skrʉketə]
rasgar (vt)	å rive	[ɔ 'rivə]
traça (f)	møll (m/n)	['møl]

33. Cuidados pessoais. Cosméticos

pasta (f) de dente	tannpasta (m)	['tan,pasta]
escova (f) de dente	tannbørste (m)	['tan,bœʂtə]
escovar os dentes	å pusse tennene	[ɔ 'pʉsə 'tɛnənə]
gilete (f)	høvel (m)	['høvəl]
creme (m) de barbear	barberkrem (m)	[bar'bɛr,krɛm]
barbear-se (vr)	å barbere seg	[ɔ bar'berə sæj]
sabonete (m)	såpe (m/f)	['so:pə]
xampu (m)	sjampo (m)	['ʂam,pʉ]
tesoura (f)	saks (m/f)	['saks]
lixa (f) de unhas	neglefil (m/f)	['nɛjlə,fil]
corta-unhas (m)	negleklipper (m)	['nɛjlə,klipər]
pinça (f)	pinsett (m)	[pin'sɛt]
cosméticos (m pl)	kosmetikk (m)	[kʉsme'tik]
máscara (f)	ansiktsmaske (m/f)	['ansikts,maskə]
manicure (f)	manikyr (m)	[mani'kyr]
fazer as unhas	å få manikyr	[ɔ 'fɔ mani'kyr]
pedicure (f)	pedikyr (m)	[pedi'kyr]
bolsa (f) de maquiagem	sminkeveske (m/f)	['sminkə,vɛskə]
pó (de arroz)	pudder (n)	['pʉdər]
pó (m) compacto	pudderdåse (m)	['pʉdər,do:sə]
blush (m)	rouge (m)	['ru:ʂ]
perfume (m)	parfyme (m)	[par'fymə]
água-de-colônia (f)	eau de toilette (m)	['ɔ: də twa'let]
loção (f)	lotion (m)	['loʉʂɛn]
colônia (f)	eau de cologne (m)	['ɔ: də kɔ'lɔŋ]
sombra (f) de olhos	øyeskygge (m)	['øjə,sygə]
delineador (m)	eyeliner (m)	['ɑ:j,lajnər]
máscara (f), rímel (m)	maskara (m)	[ma'skara]
batom (m)	leppestift (m)	['lepə,stift]

esmalte (m)	neglelakk (m)	['nɛjlə‚lɑk]
laquê (m), spray fixador (m)	hårlakk (m)	['hoːr‚lɑk]
desodorante (m)	deodorant (m)	[deudʉ'rɑnt]

creme (m)	krem (m)	['krɛm]
creme (m) de rosto	ansiktskrem (m)	['ɑnsikts‚krɛm]
creme (m) de mãos	håndkrem (m)	['hɔn‚krɛm]
creme (m) antirrugas	antirynkekrem (m)	[ɑnti'rʏnkə‚krɛm]
creme (m) de dia	dagkrem (m)	['dɑg‚krɛm]
creme (m) de noite	nattkrem (m)	['nɑt‚krɛm]
de dia	dag-	['dɑg-]
da noite	natt-	['nɑt-]

absorvente (m) interno	tampong (m)	[tɑm'pɔŋ]
papel (m) higiênico	toalettpapir (n)	[tʉa'let pa'pir]
secador (m) de cabelo	hårføner (m)	['hoːr‚fønər]

34. Relógios de pulso. Relógios

relógio (m) de pulso	armbåndsur (n)	['ɑrmbɔns‚ʉr]
mostrador (m)	urskive (m/f)	['ʉː‚sivə]
ponteiro (m)	viser (m)	['visər]
bracelete (em aço)	armbånd (n)	['ɑrm‚bɔn]
bracelete (em couro)	rem (m/f)	['rem]

pilha (f)	batteri (n)	[bɑtɛ'ri]
acabar (vi)	å bli utladet	[ɔ 'bli 'ʉt‚lɑdət]
trocar a pilha	å skifte batteriene	[ɔ 'siftə bɑtɛ'riene]
estar adiantado	å gå for fort	[ɔ 'gɔ fɔ 'foːt]
estar atrasado	å gå for sakte	[ɔ 'gɔ fɔ 'sɑktə]

relógio (m) de parede	veggur (n)	['vɛg‚ʉr]
ampulheta (f)	timeglass (n)	['timə‚glɑs]
relógio (m) de sol	solur (n)	['sʉl‚ʉr]
despertador (m)	vekkerklokka (m/f)	['vɛkər‚klɔka]
relojoeiro (m)	urmaker (m)	['ʉr‚mɑkər]
reparar (vt)	å reparere	[ɔ repa'rerə]

T&P Books. Vocabulário Português Brasileiro-Norueguês - 5000 palavras

Alimentação. Nutrição

35. Comida

carne (f)	kjøtt (n)	['çœt]
galinha (f)	høne (m/f)	['hønə]
frango (m)	kylling (m)	['çyliŋ]
pato (m)	and (m/f)	['ɑn]
ganso (m)	gås (m/f)	['gɔs]
caça (f)	vilt (n)	['vilt]
peru (m)	kalkun (m)	[kɑl'kʉn]

carne (f) de porco	svinekjøtt (n)	['svinə͵çœt]
carne (f) de vitela	kalvekjøtt (n)	['kɑlvə͵çœt]
carne (f) de carneiro	fårekjøtt (n)	['fo:rə͵çœt]
carne (f) de vaca	oksekjøtt (n)	['ɔksə͵çœt]
carne (f) de coelho	kanin (m)	[kɑ'nin]

linguiça (f), salsichão (m)	pølse (m/f)	['pølsə]
salsicha (f)	wienerpølse (m/f)	['vinər͵pølsə]
bacon (m)	bacon (n)	['bɛjkən]
presunto (m)	skinke (m)	['ʂinkə]
pernil (m) de porco	skinke (m)	['ʂinkə]

patê (m)	pate, paté (m)	[pɑ'te]
fígado (m)	lever (m)	['levər]
guisado (m)	kjøttfarse (m)	['çœt͵fɑrʂə]
língua (f)	tunge (m/f)	['tʉŋə]

ovo (m)	egg (n)	['ɛg]
ovos (m pl)	egg (n pl)	['ɛg]
clara (f) de ovo	eggehvite (m)	['ɛgə͵vitə]
gema (f) de ovo	plomme (m/f)	['plʉmə]

peixe (m)	fisk (m)	['fisk]
mariscos (m pl)	sjømat (m)	['ʂø͵mɑt]
crustáceos (m pl)	krepsdyr (n pl)	['krɛps͵dyr]
caviar (m)	kaviar (m)	['kɑvi͵ɑr]

caranguejo (m)	krabbe (m)	['krɑbə]
camarão (m)	reke (m/f)	['rekə]
ostra (f)	østers (m)	['østəʂ]
lagosta (f)	langust (m)	[lɑŋ'gʉst]
polvo (m)	blekksprut (m)	['blek͵sprʉt]
lula (f)	blekksprut (m)	['blek͵sprʉt]

esturjão (m)	stør (m)	['stør]
salmão (m)	laks (m)	['lɑks]
halibute (m)	kveite (m/f)	['kvæjtə]
bacalhau (m)	torsk (m)	['tɔʂk]

38

cavala, sarda (f)	makrell (m)	[ma'krɛl]
atum (m)	tunfisk (m)	['tʉnˌfisk]
enguia (f)	ål (m)	['ɔl]
truta (f)	ørret (m)	['øret]
sardinha (f)	sardin (m)	[sɑ:'din]
lúcio (m)	gjedde (m/f)	['jɛdə]
arenque (m)	sild (m/f)	['sil]
pão (m)	brød (n)	['brø]
queijo (m)	ost (m)	['ʊst]
açúcar (m)	sukker (n)	['sʉkər]
sal (m)	salt (n)	['salt]
arroz (m)	ris (m)	['ris]
massas (f pl)	pasta, makaroni (m)	['pasta], [maka'rʊni]
talharim, miojo (m)	nudler (m pl)	['nʉdlər]
manteiga (f)	smør (n)	['smør]
óleo (m) vegetal	vegetabilsk olje (m)	[vegeta'bilsk ˌɔljə]
óleo (m) de girassol	solsikkeolje (m)	['sʊlsikəˌɔljə]
margarina (f)	margarin (m)	[mɑrga'rin]
azeitonas (f pl)	olivener (m pl)	[ʊ'livenər]
azeite (m)	olivenolje (m)	[ʊ'livənˌɔljə]
leite (m)	melk (m/f)	['mɛlk]
leite (m) condensado	kondensert melk (m/f)	[kʊndən'se:t ˌmɛlk]
iogurte (m)	jogurt (m)	['jɔgʉ:t]
creme (m) azedo	rømme, syrnet fløte (m)	['rœmə], ['sy:ɳet 'fløtə]
creme (m) de leite	fløte (m)	['fløtə]
maionese (f)	majones (m)	[majɔ'nɛs]
creme (m)	krem (m)	['krɛm]
grãos (m pl) de cereais	gryn (n)	['gryn]
farinha (f)	mel (n)	['mel]
enlatados (m pl)	hermetikk (m)	[hɛrme'tik]
flocos (m pl) de milho	cornflakes (m)	['kɔːɳˌflejks]
mel (m)	honning (m)	['hɔniŋ]
geleia (m)	syltetøy (n)	['syltəˌtøj]
chiclete (m)	tyggegummi (m)	['tygəˌgʉmi]

36. Bebidas

água (f)	vann (n)	['van]
água (f) potável	drikkevann (n)	['drikəˌvan]
água (f) mineral	mineralvann (n)	[minə'ralˌvan]
sem gás (adj)	uten kullsyre	['ʉtən kʉl'syrə]
gaseificada (adj)	kullsyret	[kʉl'syrət]
com gás	med kullsyre	[me kʉl'syrə]
gelo (m)	is (m)	['is]

com gelo	med is	[me 'is]
não alcoólico (adj)	alkoholfri	['alkʊhʊlˌfri]
refrigerante (m)	alkoholfri drikk (m)	['alkʊhʊlˌfri drik]
refresco (m)	leskedrikk (m)	['leskəˌdrik]
limonada (f)	limonade (m)	[limɔ'nadə]
bebidas (f pl) alcoólicas	rusdrikker (m pl)	['rʉsˌdrikər]
vinho (m)	vin (m)	['vin]
vinho (m) branco	hvitvin (m)	['vitˌvin]
vinho (m) tinto	rødvin (m)	['røˌvin]
licor (m)	likør (m)	[li'kør]
champanhe (m)	champagne (m)	[ʂam'panjə]
vermute (m)	vermut (m)	['værmʉt]
uísque (m)	whisky (m)	['viski]
vodca (f)	vodka (m)	['vɔdkɑ]
gim (m)	gin (m)	['dʒin]
conhaque (m)	konjakk (m)	['kʊnjak]
rum (m)	rom (m)	['rʊm]
café (m)	kaffe (m)	['kafə]
café (m) preto	svart kaffe (m)	['svaːʈ 'kafə]
café (m) com leite	kaffe (m) med melk	['kafə me 'mɛlk]
cappuccino (m)	cappuccino (m)	[kapu'tʃinɔ]
café (m) solúvel	pulverkaffe (m)	['pʉlvərˌkafə]
leite (m)	melk (m/f)	['mɛlk]
coquetel (m)	cocktail (m)	['kɔkˌtɛjl]
batida (f), milkshake (m)	milkshake (m)	['milkˌʂɛjk]
suco (m)	jus, juice (m)	['dʒʉs]
suco (m) de tomate	tomatjuice (m)	[tʊ'matˌdʒʉs]
suco (m) de laranja	appelsinjuice (m)	[apel'sinˌdʒʉs]
suco (m) fresco	nypresset juice (m)	['nyˌprɛsə 'dʒʉs]
cerveja (f)	øl (m/n)	['øl]
cerveja (f) clara	lettøl (n)	['letˌøl]
cerveja (f) preta	mørkt øl (n)	['mœrktˌøl]
chá (m)	te (m)	['te]
chá (m) preto	svart te (m)	['svaːʈ ˌte]
chá (m) verde	grønn te (m)	['grœn ˌte]

37. Vegetais

vegetais (m pl)	grønnsaker (m pl)	['grœnˌsakər]
verdura (f)	grønnsaker (m pl)	['grœnˌsakər]
tomate (m)	tomat (m)	[tʊ'mat]
pepino (m)	agurk (m)	[a'gʉrk]
cenoura (f)	gulrot (m/f)	['gʉlˌrʊt]
batata (f)	potet (m/f)	[pʊ'tet]
cebola (f)	løk (m)	['løk]

alho (m)	hvitløk (m)	['vit‚løk]
couve (f)	kål (m)	['kɔl]
couve-flor (f)	blomkål (m)	['blɔm‚kɔl]
couve-de-bruxelas (f)	rosenkål (m)	['rʉsən‚kɔl]
brócolis (m pl)	brokkoli (m)	['brɔkɔli]

beterraba (f)	rødbete (m/f)	['rø‚betə]
berinjela (f)	aubergine (m)	[ɔbɛr'şin]
abobrinha (f)	squash (m)	['skvɔş]
abóbora (f)	gresskar (n)	['grɛskɑr]
nabo (m)	nepe (m/f)	['nepə]

salsa (f)	persille (m/f)	[pæ'şilə]
endro, aneto (m)	dill (m)	['dil]
alface (f)	salat (m)	[sɑ'lɑt]
aipo (m)	selleri (m/n)	[sɛle‚ri]
aspargo (m)	asparges (m)	[ɑ'spɑrşəs]
espinafre (m)	spinat (m)	[spi'nɑt]

ervilha (f)	erter (m pl)	['æ:ʈər]
feijão (~ soja, etc.)	bønner (m/f pl)	['bœnər]
milho (m)	mais (m)	['mɑis]
feijão (m) roxo	bønne (m/f)	['bœnə]

pimentão (m)	pepper (m)	['pɛpər]
rabanete (m)	reddik (m)	['rɛdik]
alcachofra (f)	artisjokk (m)	[‚ɑ:ʈi'şɔk]

38. Frutos. Nozes

fruta (f)	frukt (m/f)	['frʉkt]
maçã (f)	eple (n)	['ɛplə]
pera (f)	pære (m/f)	['pærə]
limão (m)	sitron (m)	[si'trʉn]
laranja (f)	appelsin (m)	[ɑpel'sin]
morango (m)	jordbær (n)	['ju:r‚bær]

tangerina (f)	mandarin (m)	[mɑndɑ'rin]
ameixa (f)	plomme (m/f)	['plʉmə]
pêssego (m)	fersken (m)	['fæşkən]
damasco (m)	aprikos (m)	[ɑpri'kʉs]
framboesa (f)	bringebær (n)	['briŋə‚bær]
abacaxi (m)	ananas (m)	['ɑnɑnɑs]

banana (f)	banan (m)	[bɑ'nɑn]
melancia (f)	vannmelon (m)	['vɑnme‚lʉn]
uva (f)	drue (m)	['drʉə]
ginja (f)	kirsebær (n)	['çişə‚bær]
cereja (f)	morell (m)	[mʉ'rɛl]
melão (m)	melon (m)	[me'lun]

toranja (f)	grapefrukt (m/f)	['grɛjp‚frʉkt]
abacate (m)	avokado (m)	[ɑvɔ'kɑdɔ]
mamão (m)	papaya (m)	[pɑ'pɑja]

manga (f)	**mango** (m)	['maŋu]
romã (f)	**granateple** (n)	[gra'nat‚ɛplə]

groselha (f) vermelha	**rips** (m)	['rips]
groselha (f) negra	**solbær** (n)	['sʉl‚bær]
groselha (f) espinhosa	**stikkelsbær** (n)	['stikəls‚bær]
mirtilo (m)	**blåbær** (n)	['blɔ‚bær]
amora (f) silvestre	**bjørnebær** (m)	['bjœ:ŋə‚bær]

passa (f)	**rosin** (m)	[rʉ'sin]
figo (m)	**fiken** (m)	['fikən]
tâmara (f)	**daddel** (m)	['dadəl]

amendoim (m)	**jordnøtt** (m)	['ju:r‚nœt]
amêndoa (f)	**mandel** (m)	['mandəl]
noz (f)	**valnøtt** (m/f)	['val‚nœt]
avelã (f)	**hasselnøtt** (m/f)	['hasəl‚nœt]
coco (m)	**kokosnøtt** (m/f)	['kʉkʉs‚nœt]
pistaches (m pl)	**pistasier** (m pl)	[pi'staşiər]

39. Pão. Bolaria

pastelaria (f)	**bakevarer** (m/f pl)	['bakə‚varər]
pão (m)	**brød** (n)	['brø]
biscoito (m), bolacha (f)	**kjeks** (m)	['çɛks]

chocolate (m)	**sjokolade** (m)	[şʉkʉ'ladə]
de chocolate	**sjokolade-**	[şʉkʉ'ladə-]
bala (f)	**sukkertøy** (n), **karamell** (m)	['sʉkə:ʈøj], [kara'mɛl]
doce (bolo pequeno)	**kake** (m/f)	['kakə]
bolo (m) de aniversário	**bløtkake** (m/f)	['bløt‚kakə]

torta (f)	**pai** (m)	['paj]
recheio (m)	**fyll** (m/n)	['fʏl]

geleia (m)	**syltetøy** (n)	['syltə‚tøj]
marmelada (f)	**marmelade** (m)	[marme'ladə]
wafers (m pl)	**vaffel** (m)	['vafəl]
sorvete (m)	**iskrem** (m)	['iskrɛm]
pudim (m)	**pudding** (m)	['pʉdiŋ]

40. Pratos cozinhados

prato (m)	**rett** (m)	['rɛt]
cozinha (~ portuguesa)	**kjøkken** (n)	['çœkən]
receita (f)	**oppskrift** (m)	['ɔp‚skrift]
porção (f)	**porsjon** (m)	[pɔ'şʉn]

salada (f)	**salat** (m)	[sa'lat]
sopa (f)	**suppe** (m/f)	['sʉpə]
caldo (m)	**buljong** (m)	[bu'ljɔŋ]
sanduíche (m)	**smørbrød** (n)	['smør‚brø]

ovos (m pl) fritos	speilegg (n)	['spæjlˌɛg]
hambúrguer (m)	hamburger (m)	['hambʉrgər]
bife (m)	biff (m)	['bif]

acompanhamento (m)	tilbehør (n)	['tilbəˌhør]
espaguete (m)	spagetti (m)	[spɑ'gɛti]
purê (m) de batata	potetmos (m)	[pʉ'tetˌmʉs]
pizza (f)	pizza (m)	['pitsɑ]
mingau (m)	grøt (m)	['grøt]
omelete (f)	omelett (m)	[ɔmə'let]

fervido (adj)	kokt	['kʉkt]
defumado (adj)	røkt	['røkt]
frito (adj)	stekt	['stɛkt]
seco (adj)	tørket	['tœrkət]
congelado (adj)	frossen, dypfryst	['frɔsən], ['dypˌfrʏst]
em conserva (adj)	syltet	['sʏltət]

doce (adj)	søt	['søt]
salgado (adj)	salt	['sɑlt]
frio (adj)	kald	['kɑl]
quente (adj)	het, varm	['het], ['vɑrm]
amargo (adj)	bitter	['bitər]
gostoso (adj)	lekker	['lekər]

cozinhar em água fervente	å koke	[ɔ 'kʉkə]
preparar (vt)	å lage	[ɔ 'lɑgə]
fritar (vt)	å steke	[ɔ 'stekə]
aquecer (vt)	å varme opp	[ɔ 'vɑrmə ɔp]

salgar (vt)	å salte	[ɔ 'sɑltə]
apimentar (vt)	å pepre	[ɔ 'pɛprə]
ralar (vt)	å rive	[ɔ 'rivə]
casca (f)	skall (n)	['skɑl]
descascar (vt)	å skrelle	[ɔ 'skrɛlə]

41. Especiarias

sal (m)	salt (n)	['sɑlt]
salgado (adj)	salt	['sɑlt]
salgar (vt)	å salte	[ɔ 'sɑltə]

pimenta-do-reino (f)	svart pepper (m)	['svɑːʈ 'pɛpər]
pimenta (f) vermelha	rød pepper (m)	['rø 'pɛpər]
mostarda (f)	sennep (m)	['sɛnəp]
raiz-forte (f)	pepperrot (m/f)	['pɛpərˌrʉt]

condimento (m)	krydder (n)	['krʏdər]
especiaria (f)	krydder (n)	['krʏdər]
molho (~ inglês)	saus (m)	['sɑʉs]
vinagre (m)	eddik (m)	['ɛdik]

| anis estrelado (m) | anis (m) | ['ɑnis] |
| manjericão (m) | basilik (m) | [bɑsi'lik] |

cravo (m)	nellik (m)	['nɛlik]
gengibre (m)	ingefær (m)	['iŋəˌfær]
coentro (m)	koriander (m)	[kʊri'andər]
canela (f)	kanel (m)	[ka'nel]
gergelim (m)	sesam (m)	['sesam]
folha (f) de louro	laurbærblad (n)	['laʊrbærˌbla]
páprica (f)	paprika (m)	['paprika]
cominho (m)	karve, kummin (m)	['karvə], ['kʉmin]
açafrão (m)	safran (m)	[sa'fran]

42. Refeições

comida (f)	mat (m)	['mat]
comer (vt)	å spise	[ɔ 'spisə]
café (m) da manhã	frokost (m)	['frʊkɔst]
tomar café da manhã	å spise frokost	[ɔ 'spisə ˌfrʊkɔst]
almoço (m)	lunsj, lunch (m)	['lʉnʂ]
almoçar (vi)	å spise lunsj	[ɔ 'spisə ˌlʉnʂ]
jantar (m)	middag (m)	['miˌda]
jantar (vi)	å spise middag	[ɔ 'spisə 'miˌda]
apetite (m)	appetitt (m)	[ape'tit]
Bom apetite!	God appetitt!	['gʊ ape'tit]
abrir (~ uma lata, etc.)	å åpne	[ɔ 'ɔpnə]
derramar (~ líquido)	å spille	[ɔ 'spilə]
derramar-se (vr)	å bli spilt	[ɔ 'bli 'spilt]
ferver (vi)	å koke	[ɔ 'kʊkə]
ferver (vt)	å koke	[ɔ 'kʊkə]
fervido (adj)	kokt	['kʊkt]
esfriar (vt)	å svalne	[ɔ 'svalnə]
esfriar-se (vr)	å avkjøles	[ɔ 'avˌçœləs]
sabor, gosto (m)	smak (m)	['smak]
fim (m) de boca	bismak (m)	['bismak]
emagrecer (vi)	å være på diet	[ɔ 'værə pɔ di'et]
dieta (f)	diett (m)	[di'et]
vitamina (f)	vitamin (n)	[vita'min]
caloria (f)	kalori (m)	[kalʊ'ri]
vegetariano (m)	vegetarianer (m)	[vegetari'anər]
vegetariano (adj)	vegetarisk	[vege'tarisk]
gorduras (f pl)	fett (n)	['fɛt]
proteínas (f pl)	proteiner (n pl)	[prɔte'inər]
carboidratos (m pl)	kullhydrater (n pl)	['kʉlhyˌdratər]
fatia (~ de limão, etc.)	skive (m/f)	['ʂivə]
pedaço (~ de bolo)	stykke (n)	['stʏkə]
migalha (f), farelo (m)	smule (m)	['smʉlə]

43. Por a mesa

colher (f)	skje (m)	['ʂe]
faca (f)	kniv (m)	['kniv]
garfo (m)	gaffel (m)	['gafəl]

xícara (f)	kopp (m)	['kɔp]
prato (m)	tallerken (m)	[ta'lærkən]
pires (m)	tefat (n)	['te͵fat]
guardanapo (m)	serviett (m)	[sɛrvi'ɛt]
palito (m)	tannpirker (m)	['tan͵pirkər]

44. Restaurante

restaurante (m)	restaurant (m)	[rɛstʊ'raŋ]
cafeteria (f)	kafé, kaffebar (m)	[ka'fe], ['kafə͵bar]
bar (m), cervejaria (f)	bar (m)	['bar]
salão (m) de chá	tesalong (m)	['tesa͵lɔŋ]

garçom (m)	servitør (m)	['særvi'tør]
garçonete (f)	servitrise (m/f)	[særvi'trisə]
barman (m)	bartender (m)	['baː͵tɛndər]

cardápio (m)	meny (m)	[me'ny]
lista (f) de vinhos	vinkart (n)	['vin͵kaːt]
reservar uma mesa	å reservere bord	[ɔ resɛr'verə 'bʊr]

prato (m)	rett (m)	['rɛt]
pedir (vt)	å bestille	[ɔ be'stilə]
fazer o pedido	å bestille	[ɔ be'stilə]

aperitivo (m)	aperitiff (m)	[aperi'tif]
entrada (f)	forrett (m)	['fɔrɛt]
sobremesa (f)	dessert (m)	[de'sɛːr]

conta (f)	regning (m/f)	['rɛjniŋ]
pagar a conta	å betale regningen	[ɔ be'talə 'rɛjniŋən]
dar o troco	å gi tilbake veksel	[ɔ ji til'bakə 'vɛksəl]
gorjeta (f)	driks (m)	['driks]

Família, parentes e amigos

45. Informação pessoal. Formulários

nome (m)	navn (n)	['navn]
sobrenome (m)	etternavn (n)	['ɛtə‚navn]
data (f) de nascimento	fødselsdato (m)	['føtsəls‚datʉ]
local (m) de nascimento	fødested (n)	['fødə‚sted]
nacionalidade (f)	nasjonalitet (m)	[naʂʉnali'tet]
lugar (m) de residência	bosted (n)	['bʉ‚sted]
país (m)	land (n)	['lan]
profissão (f)	yrke (n), profesjon (m)	['yrkə], [prʉfe'ʂʉn]
sexo (m)	kjønn (n)	['çœn]
estatura (f)	høyde (m)	['højdə]
peso (m)	vekt (m)	['vɛkt]

46. Membros da família. Parentes

mãe (f)	mor (m/f)	['mʉr]
pai (m)	far (m)	['far]
filho (m)	sønn (m)	['sœn]
filha (f)	datter (m/f)	['datər]
caçula (f)	yngste datter (m/f)	['yŋstə 'datər]
caçula (m)	yngste sønn (m)	['yŋstə 'sœn]
filha (f) mais velha	eldste datter (m/f)	['ɛlstə 'datər]
filho (m) mais velho	eldste sønn (m)	['ɛlstə 'sœn]
irmão (m)	bror (m)	['brʉr]
irmão (m) mais velho	eldre bror (m)	['ɛldrə ‚brʉr]
irmão (m) mais novo	lillebror (m)	['lilə‚brʉr]
irmã (f)	søster (m/f)	['søstər]
irmã (f) mais velha	eldre søster (m/f)	['ɛldrə ‚søstər]
irmã (f) mais nova	lillesøster (m/f)	['lilə‚søster]
primo (m)	fetter (m/f)	['fɛtər]
prima (f)	kusine (m)	[kʉ'sinə]
mamãe (f)	mamma (m)	['mama]
papai (m)	pappa (m)	['papa]
pais (pl)	foreldre (pl)	[for'ɛldrə]
criança (f)	barn (n)	['ba:ɳ]
crianças (f pl)	barn (n pl)	['ba:ɳ]
avó (f)	bestemor (m)	['bɛstə‚mʉr]
avô (m)	bestefar (m)	['bɛstə‚far]
neto (m)	barnebarn (n)	['ba:ɳə‚ba:ɳ]

neta (f)	barnebarn (n)	['bɑːŋəˌbɑːŋ]
netos (pl)	barnebarn (n pl)	['bɑːŋəˌbɑːŋ]
tio (m)	onkel (m)	['ʊnkəl]
tia (f)	tante (m/f)	['tɑntə]
sobrinho (m)	nevø (m)	[neˈvø]
sobrinha (f)	niese (m/f)	[niˈesə]
sogra (f)	svigermor (m/f)	['sviɡərˌmʊr]
sogro (m)	svigerfar (m)	['sviɡərˌfɑr]
genro (m)	svigersønn (m)	['sviɡərˌsœn]
madrasta (f)	stemor (m/f)	['steˌmʊr]
padrasto (m)	stefar (m)	['steˌfɑr]
criança (f) de colo	brystbarn (n)	['brʏstˌbɑːŋ]
bebê (m)	spedbarn (n)	['speˌbɑːŋ]
menino (m)	lite barn (n)	['litə 'bɑːŋ]
mulher (f)	kone (m/f)	['kʊnə]
marido (m)	mann (m)	['mɑn]
esposo (m)	ektemann (m)	['ɛktəˌmɑn]
esposa (f)	hustru (m)	['hʉstrʉ]
casado (adj)	gift	['jift]
casada (adj)	gift	['jift]
solteiro (adj)	ugift	[ʉːˈjift]
solteirão (m)	ungkar (m)	['ʉŋˌkɑr]
divorciado (adj)	fraskilt	['frɑˌsilt]
viúva (f)	enke (m)	['ɛnkə]
viúvo (m)	enkemann (m)	['ɛnkəˌmɑn]
parente (m)	slektning (m)	['slektniŋ]
parente (m) próximo	nær slektning (m)	['nær 'slektniŋ]
parente (m) distante	fjern slektning (m)	['fjæːŋ 'slektniŋ]
parentes (m pl)	slektninger (m pl)	['slektniŋər]
órfão (m), órfã (f)	foreldreløst barn (n)	[forˈɛldrələst ˌbɑːŋ]
tutor (m)	formynder (m)	['forˌmʏnər]
adotar (um filho)	å adoptere	[ɔ adɔpˈterə]
adotar (uma filha)	å adoptere	[ɔ adɔpˈterə]

Medicina

47. Doenças

doença (f)	sykdom (m)	['syk,dɔm]
estar doente	å være syk	[ɔ 'værə 'syk]
saúde (f)	helse (m/f)	['hɛlsə]

nariz (m) escorrendo	snue (m)	['snʉə]
amigdalite (f)	angina (m)	[an'gina]
resfriado (m)	forkjølelse (m)	[fɔr'çœləlsə]
ficar resfriado	å forkjøle seg	[ɔ fɔr'çœlə sæj]

bronquite (f)	bronkitt (m)	[brɔn'kit]
pneumonia (f)	lungebetennelse (m)	['lʉŋə be'tɛnəlsə]
gripe (f)	influensa (m)	[inflʉ'ɛnsa]

míope (adj)	nærsynt	['næ,synt]
presbita (adj)	langsynt	['laŋsynt]
estrabismo (m)	skjeløydhet (m)	['ʂɛløjd,het]
estrábico, vesgo (adj)	skjeløyd	['ʂɛl,øjd]
catarata (f)	grå stær, katarakt (m)	['grɔ ˌstær], [kata'rakt]
glaucoma (m)	glaukom (n)	[glaʉ'kɔm]

AVC (m), apoplexia (f)	hjerneslag (n)	['jæːˌŋəˌslag]
ataque (m) cardíaco	infarkt (n)	[in'farkt]
enfarte (m) do miocárdio	myokardieinfarkt (n)	['miɔ'kardiə in'farkt]
paralisia (f)	paralyse, lammelse (m)	['para'lyse], ['laməlsə]
paralisar (vt)	å lamme	[ɔ 'lamə]

alergia (f)	allergi (m)	[alæː'gi]
asma (f)	astma (m)	['astma]
diabetes (f)	diabetes (m)	[dia'betəs]

dor (f) de dente	tannpine (m/f)	['tanˌpinə]
cárie (f)	karies (m)	['karies]

diarreia (f)	diaré (m)	[dia'rɛ]
prisão (f) de ventre	forstoppelse (m)	[fɔ'ʂtɔpəlsə]
desarranjo (m) intestinal	magebesvær (m)	['magəˌbe'svær]
intoxicação (f) alimentar	matforgiftning (m/f)	['matˌfɔr'jiftniŋ]
intoxicar-se	å få matforgiftning	[ɔ 'fɔ matˌfɔr'jiftniŋ]

artrite (f)	artritt (m)	[aː'trit]
raquitismo (m)	rakitt (m)	[ra'kit]
reumatismo (m)	revmatisme (m)	[revma'tismə]
arteriosclerose (f)	arteriosklerose (m)	[aː'ʈeriʉskleˌrʉsə]

gastrite (f)	magekatarr, gastritt (m)	['magəkaˌtar], [ˌga'strit]
apendicite (f)	appendisitt (m)	[apɛndi'sit]

colecistite (f)	**galleblærebetennelse** (m)	['galǝ‚blærǝ be'tɛnǝlse]
úlcera (f)	**magesår** (n)	['magǝ‚sɔr]

sarampo (m)	**meslinger** (m pl)	['mɛs‚liŋǝr]
rubéola (f)	**røde hunder** (m pl)	['rødǝ 'hʉnǝr]
icterícia (f)	**gulsott** (m/f)	['gʉl‚sʊt]
hepatite (f)	**hepatitt** (m)	[hepa'tit]

esquizofrenia (f)	**schizofreni** (m)	[sisʉfre'ni]
raiva (f)	**rabies** (m)	['rabiǝs]
neurose (f)	**nevrose** (m)	[nev'rʊsǝ]
contusão (f) cerebral	**hjernerystelse** (m)	['jæ:ŋǝ‚rʏstǝlsǝ]

câncer (m)	**kreft, cancer** (m)	['krɛft], ['kansǝr]
esclerose (f)	**sklerose** (m)	[skle'rʊsǝ]
esclerose (f) múltipla	**multippel sklerose** (m)	[mʉl'tipǝl skle'rʊsǝ]

alcoolismo (m)	**alkoholisme** (m)	[alkʊhʊ'lismǝ]
alcoólico (m)	**alkoholiker** (m)	[alkʊ'hʊlikǝr]
sífilis (f)	**syfilis** (m)	['syfilis]
AIDS (f)	**AIDS, aids** (m)	['ɛjds]

tumor (m)	**svulst, tumor** (m)	['svʉlst], [tʉ'mʊr]
maligno (adj)	**ondartet, malign**	['ʊn‚a:ʈǝt], [ma'lign]
benigno (adj)	**godartet**	['gʊ‚a:ʈǝt]

febre (f)	**feber** (m)	['febǝr]
malária (f)	**malaria** (m)	[ma'laria]
gangrena (f)	**koldbrann** (m)	['kɔlbran]
enjoo (m)	**sjøsyke** (m)	['sø‚sykǝ]
epilepsia (f)	**epilepsi** (m)	[ɛpilep'si]

epidemia (f)	**epidemi** (m)	[ɛpide'mi]
tifo (m)	**tyfus** (m)	['tyfʉs]
tuberculose (f)	**tuberkulose** (m)	[tubærkʉ'lɔsǝ]
cólera (f)	**kolera** (m)	['kʉlera]
peste (f) bubônica	**pest** (m)	['pɛst]

48. Sintomas. Tratamentos. Parte 1

sintoma (m)	**symptom** (n)	[sʏmp'tʊm]
temperatura (f)	**temperatur** (m)	[tɛmpǝra'tʉr]
febre (f)	**høy temperatur** (m)	['høj tɛmpǝra'tʉr]
pulso (m)	**puls** (m)	['pʉls]

vertigem (f)	**svimmelhet** (m)	['svimǝl‚het]
quente (testa, etc.)	**varm**	['varm]
calafrio (m)	**skjelving** (m/f)	['sɛlviŋ]
pálido (adj)	**blek**	['blek]

tosse (f)	**hoste** (m)	['hʊstǝ]
tossir (vi)	**å hoste**	[ɔ 'hʊstǝ]
espirrar (vi)	**å nyse**	[ɔ 'nysǝ]
desmaio (m)	**besvimelse** (m)	[bɛ'svimǝlsǝ]

desmaiar (vi)	å besvime	[ɔ be'svimə]
mancha (f) preta	blåmerke (n)	['blɔˌmærkə]
galo (m)	bule (m)	['bʉlə]
machucar-se (vr)	å slå seg	[ɔ 'ʂlɔ sæj]
contusão (f)	blåmerke (n)	['blɔˌmærkə]
machucar-se (vr)	å slå seg	[ɔ 'ʂlɔ sæj]

mancar (vi)	å halte	[ɔ 'haltə]
deslocamento (f)	forvridning (m)	[fɔr'vridniŋ]
deslocar (vt)	å forvri	[ɔ fɔr'vri]
fratura (f)	brudd (n), fraktur (m)	['brʉd], [frɑk'tʉr]
fraturar (vt)	å få brudd	[ɔ 'fɔ 'brʉd]

corte (m)	skjæresår (n)	['ʂæːrəˌsɔr]
cortar-se (vr)	å skjære seg	[ɔ 'ʂæːrə sæj]
hemorragia (f)	blødning (m/f)	['blødniŋ]

queimadura (f)	brannsår (n)	['branˌsɔr]
queimar-se (vr)	å brenne seg	[ɔ 'brɛnə sæj]

picar (vt)	å stikke	[ɔ 'stikə]
picar-se (vr)	å stikke seg	[ɔ 'stikə sæj]
lesionar (vt)	å skade	[ɔ 'skadə]
lesão (m)	skade (n)	['skadə]
ferida (f), ferimento (m)	sår (n)	['sɔr]
trauma (m)	traume (m)	['traʉmə]

delirar (vi)	å snakke i villelse	[ɔ 'snɑkə i 'viləlsə]
gaguejar (vi)	å stamme	[ɔ 'stɑmə]
insolação (f)	solstikk (n)	['sʉlˌstik]

49. Sintomas. Tratamentos. Parte 2

dor (f)	smerte (m)	['smæːʈə]
farpa (no dedo, etc.)	flis (m/f)	['flis]

suor (m)	svette (m)	['svɛtə]
suar (vi)	å svette	[ɔ 'svɛtə]
vômito (m)	oppkast (n)	['ɔpˌkast]
convulsões (f pl)	kramper (m pl)	['krampər]

grávida (adj)	gravid	[gra'vid]
nascer (vi)	å fødes	[ɔ 'fødə]
parto (m)	fødsel (m)	['føtsəl]
dar à luz	å føde	[ɔ 'fødə]
aborto (m)	abort (m)	[a'bɔːʈ]

respiração (f)	åndedrett (n)	['ɔɲdəˌdrɛt]
inspiração (f)	innånding (m/f)	['inˌɔniŋ]
expiração (f)	utånding (m/f)	['ʉtˌɔndiŋ]
expirar (vi)	å puste ut	[ɔ 'pʉstə ʉt]
inspirar (vi)	å ånde inn	[ɔ 'ɔɲdə ˌin]
inválido (m)	handikappet person (m)	['handiˌkapət pæ'ʂʉn]
aleijado (m)	krøpling (m)	['krøpliŋ]

drogado (m)	**narkoman** (m)	[nɑrkʊ'mɑn]
surdo (adj)	**døv**	['døv]
mudo (adj)	**stum**	['stʉm]
surdo-mudo (adj)	**døvstum**	['døf͵stʉm]
louco, insano (adj)	**gal**	['gɑl]
louco (m)	**gal mann** (m)	['gɑl ͵mɑn]
louca (f)	**gal kvinne** (m/f)	['gɑl ͵kvinə]
ficar louco	**å bli sinnssyk**	[ɔ 'bli 'sin͵syk]
gene (m)	**gen** (m)	['gen]
imunidade (f)	**immunitet** (m)	[imʉni'tet]
hereditário (adj)	**arvelig**	['ɑrvəli]
congênito (adj)	**medfødt**	['me:͵føt]
vírus (m)	**virus** (m)	['virʉs]
micróbio (m)	**mikrobe** (m)	[mi'krʊbə]
bactéria (f)	**bakterie** (m)	[bɑk'teriə]
infecção (f)	**infeksjon** (m)	[infɛk'ʂʊn]

50. Sintomas. Tratamentos. Parte 3

hospital (m)	**sykehus** (n)	['sykə͵hʉs]
paciente (m)	**pasient** (m)	[pasi'ɛnt]
diagnóstico (m)	**diagnose** (m)	[dia'gnʊsə]
cura (f)	**kur** (m)	['kʉr]
tratamento (m) médico	**behandling** (m/f)	[be'hɑndliŋ]
curar-se (vr)	**å bli behandlet**	[ɔ 'bli be'hɑndlət]
tratar (vt)	**å behandle**	[ɔ be'hɑndlə]
cuidar (pessoa)	**å skjøtte**	[ɔ 'ʂøtə]
cuidado (m)	**sykepleie** (m/f)	['sykə͵plæjə]
operação (f)	**operasjon** (m)	[ɔpəra'ʂʊn]
enfaixar (vt)	**å forbinde**	[ɔ fɔr'binə]
enfaixamento (m)	**forbinding** (m)	[fɔr'biniŋ]
vacinação (f)	**vaksinering** (m/f)	[vaksi'neriŋ]
vacinar (vt)	**å vaksinere**	[ɔ vaksi'nerə]
injeção (f)	**injeksjon** (m), **sprøyte** (m/f)	[injɛk'ʂʊn], ['sprøjtə]
dar uma injeção	**å gi en sprøyte**	[ɔ 'ji en 'sprøjtə]
ataque (~ de asma, etc.)	**anfall** (n)	['ɑn͵fɑl]
amputação (f)	**amputasjon** (m)	[ɑmpʉta'ʂʊn]
amputar (vt)	**å amputere**	[ɔ ɑmpʉ'terə]
coma (f)	**koma** (m)	['kʊma]
estar em coma	**å ligge i koma**	[ɔ 'ligə i 'kʊma]
reanimação (f)	**intensivavdeling** (m/f)	['inten͵siv 'av͵deliŋ]
recuperar-se (vr)	**å bli frisk**	[ɔ 'bli 'frisk]
estado (~ de saúde)	**tilstand** (m)	['til͵stɑn]
consciência (perder a ~)	**bevissthet** (m)	[be'vist͵het]
memória (f)	**minne** (n), **hukommelse** (m)	['minə], [hʉ'kɔməlsə]
tirar (vt)	**å trekke ut**	[ɔ 'trɛkə ʉt]

| obturação (f) | fylling (m/f) | ['fʏliŋ] |
| obturar (vt) | å plombere | [ɔ plʊm'berə] |

| hipnose (f) | hypnose (m) | [hʏp'nʊsə] |
| hipnotizar (vt) | å hypnotisere | [ɔ hʏpnʊti'serə] |

51. Médicos

médico (m)	lege (m)	['legə]
enfermeira (f)	sykepleierske (m/f)	['sykə‚plæjeʂkə]
médico (m) pessoal	personlig lege (m)	[pæ'ʂʊnli 'legə]

dentista (m)	tannlege (m)	['tan‚legə]
oculista (m)	øyelege (m)	['øjə‚legə]
terapeuta (m)	terapeut (m)	[terɑ'pɛut]
cirurgião (m)	kirurg (m)	[çi'rʉrg]

psiquiatra (m)	psykiater (m)	[syki'atər]
pediatra (m)	barnelege (m)	['bɑːŋə‚legə]
psicólogo (m)	psykolog (m)	[sykʊ'lɔg]
ginecologista (m)	gynekolog (m)	[gynekʊ'lɔg]
cardiologista (m)	kardiolog (m)	[kɑːdjʊ'lɔg]

52. Medicina. Drogas. Acessórios

medicamento (m)	medisin (m)	[medi'sin]
remédio (m)	middel (n)	['midəl]
receitar (vt)	å ordinere	[ɔ ɔrdi'nerə]
receita (f)	resept (m)	[re'sɛpt]

comprimido (m)	tablett (m)	[tab'let]
unguento (m)	salve (m/f)	['salvə]
ampola (f)	ampulle (m)	[am'pʉlə]
solução, preparado (m)	mikstur (m)	[miks'tʉr]
xarope (m)	sirup (m)	['sirʉp]
cápsula (f)	pille (m/f)	['pilə]
pó (m)	pulver (n)	['pʉlvər]

atadura (f)	gasbind (n)	['gɑs‚bin]
algodão (m)	vatt (m/n)	['vat]
iodo (m)	jod (m/n)	['ʉd]

curativo (m) adesivo	plaster (n)	['plɑstər]
conta-gotas (m)	pipette (m)	[pi'pɛtə]
termômetro (m)	termometer (n)	[tɛrmʊ'metər]
seringa (f)	sprøyte (m/f)	['sprøjtə]

| cadeira (f) de rodas | rullestol (m) | ['rʉlə‚stʊl] |
| muletas (f pl) | krykker (m/f pl) | ['krʏkər] |

| analgésico (m) | smertestillende middel (n) | ['smæː‚ʈə‚stilenə 'midəl] |
| laxante (m) | laksativ (n) | [lɑksa'tiv] |

álcool (m)	**sprit** (m)	['sprit]
ervas (f pl) medicinais	**legeurter** (m/f pl)	['legəˌʉː[ər]
de ervas (chá ~)	**urte-**	['ʉː[ə-]

HABITAT HUMANO

Cidade

53. Cidade. Vida na cidade

cidade (f)	by (m)	['by]
capital (f)	hovedstad (m)	['hʊvəd,stad]
aldeia (f)	landsby (m)	['lans,by]
mapa (m) da cidade	bykart (n)	['by,kɑːt]
centro (m) da cidade	sentrum (n)	['sɛntrum]
subúrbio (m)	forstad (m)	['fɔ,stad]
suburbano (adj)	forstads-	['fɔ,stads-]
periferia (f)	utkant (m)	['ʉt,kant]
arredores (m pl)	omegner (m pl)	['ɔm,æjnər]
quarteirão (m)	kvarter (n)	[kvɑːʈer]
quarteirão (m) residencial	boligkvarter (n)	['bʉli,kvɑːʈer]
tráfego (m)	trafikk (m)	[tra'fik]
semáforo (m)	trafikklys (n)	[tra'fik,lys]
transporte (m) público	offentlig transport (m)	['ɔfentli trans'pɔːʈ]
cruzamento (m)	veikryss (n)	['væjkrʏs]
faixa (f)	fotgjengerovergang (m)	['fʊtjɛŋər 'ɔvər,gaŋ]
túnel (m) subterrâneo	undergang (m)	['ʉnər,gaŋ]
cruzar, atravessar (vt)	å gå over	[ɔ 'gɔ 'ɔvər]
pedestre (m)	fotgjenger (m)	['fʊtjɛŋər]
calçada (f)	fortau (n)	['fɔː,taʉ]
ponte (f)	bro (m/f)	['brʊ]
margem (f) do rio	kai (m/f)	['kaj]
fonte (f)	fontene (m)	['fʊntnə]
alameda (f)	allé (m)	[aˈleː]
parque (m)	park (m)	['park]
bulevar (m)	bulevard (m)	[bule'var]
praça (f)	torg (n)	['tɔr]
avenida (f)	aveny (m)	[ave'ny]
rua (f)	gate (m/f)	['gatə]
travessa (f)	sidegate (m/f)	['sidə,gatə]
beco (m) sem saída	blindgate (m/f)	['blin,gatə]
casa (f)	hus (n)	['hʉs]
edifício, prédio (m)	bygning (m/f)	['bʏgniŋ]
arranha-céu (m)	skyskraper (m)	['ʂy,skrapər]
fachada (f)	fasade (m)	[fa'sadə]
telhado (m)	tak (n)	['tak]

janela (f)	vindu (n)	['vindʉ]
arco (m)	bue (m)	['bʉːə]
coluna (f)	søyle (m)	['søjlə]
esquina (f)	hjørne (n)	['jœːŋə]

vitrine (f)	utstillingsvindu (n)	['ʉt,stiliŋs 'vindʉ]
letreiro (m)	skilt (n)	['ṣilt]
cartaz (do filme, etc.)	plakat (m)	[pla'kat]
cartaz (m) publicitário	reklameplakat (m)	[rɛ'klamə,pla'kat]
painel (m) publicitário	reklametavle (m/f)	[rɛ'klamə,tavlə]

lixo (m)	søppel (m/f/n), avfall (n)	['sœpəl], ['av,fal]
lata (f) de lixo	søppelkasse (m/f)	['sœpəl,kasə]
jogar lixo na rua	å kaste søppel	[ɔ 'kastə 'sœpəl]
aterro (m) sanitário	søppelfylling (m/f), deponi (n)	['sœpəl,fʏliŋ], [,depɔ'ni]

orelhão (m)	telefonboks (m)	[tele'fʉn,bɔks]
poste (m) de luz	lyktestolpe (m)	['lʏktə,stɔlpə]
banco (m)	benk (m)	['bɛŋk]

polícia (m)	politi (m)	[pʉli'ti]
polícia (instituição)	politi (n)	[pʉli'ti]
mendigo, pedinte (m)	tigger (m)	['tigər]
desabrigado (m)	hjemløs	['jɛm,løs]

54. Instituições urbanas

loja (f)	forretning, butikk (m)	[fɔ'rɛtniŋ], [bʉ'tik]
drogaria (f)	apotek (n)	[apʉ'tek]
ótica (f)	optikk (m)	[ɔp'tik]
centro (m) comercial	kjøpesenter (n)	['çœpə,sɛntər]
supermercado (m)	supermarked (n)	['sʉpə,market]

padaria (f)	bakeri (n)	[bake'ri]
padeiro (m)	baker (m)	['bakər]
pastelaria (f)	konditori (n)	[kʉnditɔ'ri]
mercearia (f)	matbutikk (m)	['matbʉ,tik]
açougue (m)	slakterbutikk (m)	['ṣlaktəbʉ,tik]

| fruteira (f) | grønnsaksbutikk (m) | ['grœn,saks bʉ'tik] |
| mercado (m) | marked (n) | ['markəd] |

cafeteria (f)	kafé, kaffebar (m)	[ka'fe], ['kafə,bar]
restaurante (m)	restaurant (m)	[rɛstʉ'raŋ]
bar (m)	pub (m)	['pʉb]
pizzaria (f)	pizzeria (m)	[pitsə'ria]

salão (m) de cabeleireiro	frisørsalong (m)	[fri'sør sa,lɔŋ]
agência (f) dos correios	post (m)	['pɔst]
lavanderia (f)	renseri (n)	[rɛnse'ri]
estúdio (m) fotográfico	fotostudio (n)	['fɔtɔ,stʉdiɔ]

| sapataria (f) | skobutikk (m) | ['skʉ,bʉ'tik] |
| livraria (f) | bokhandel (m) | ['bʉk,handəl] |

loja (f) de artigos esportivos	idrettsbutikk (m)	['idrɛts bʉ'tik]
costureira (m)	reparasjon (m) av klær	[repɑrɑ'ʂʉn ɑː ˌklær]
aluguel (m) de roupa	leie (m/f) av klær	['læjə ɑː ˌklær]
videolocadora (f)	filmutleie (m/f)	['film ˌʉt'læje]

circo (m)	sirkus (m/n)	['sirkʉs]
jardim (m) zoológico	zoo, dyrepark (m)	['suː], [dyrə'pɑrk]
cinema (m)	kino (m)	['çinʉ]
museu (m)	museum (n)	[mʉ'seum]
biblioteca (f)	bibliotek (n)	[bibliʉ'tek]

teatro (m)	teater (n)	[te'ɑtər]
ópera (f)	opera (m)	['ʋpera]
boate (casa noturna)	nattklubb (m)	['nɑtˌklʉb]
cassino (m)	kasino (n)	[kɑ'sinʉ]

mesquita (f)	moské (m)	[mʉ'ske]
sinagoga (f)	synagoge (m)	[synɑ'gʉgə]
catedral (f)	katedral (m)	[kate'drɑl]
templo (m)	tempel (n)	['tɛmpəl]
igreja (f)	kirke (m/f)	['çirkə]

faculdade (f)	institutt (n)	[insti'tʉt]
universidade (f)	universitet (n)	[ʉnivæʂi'tet]
escola (f)	skole (m/f)	['skʉlə]

prefeitura (f)	prefektur (n)	[prɛfɛk'tʉr]
câmara (f) municipal	rådhus (n)	['rodˌhʉs]
hotel (m)	hotell (n)	[hʉ'tɛl]
banco (m)	bank (m)	['bɑnk]

embaixada (f)	ambassade (m)	[ɑmbɑ'sɑdə]
agência (f) de viagens	reisebyrå (n)	['ræjsə byˌro]
agência (f) de informações	opplysningskontor (n)	[ɔp'lʏsniŋs kʉn'tʉr]
casa (f) de câmbio	vekslingskontor (n)	['vɛkʂliŋs kʉn'tʉr]

metrô (m)	tunnelbane, T-bane (m)	['tʉnəlˌbɑnə], ['tɛːˌbɑnə]
hospital (m)	sykehus (n)	['sykəˌhʉs]

posto (m) de gasolina	bensinstasjon (m)	[bɛn'sinˌstɑ'ʂʉn]
parque (m) de estacionamento	parkeringsplass (m)	[pɑr'keriŋsˌplɑs]

55. Sinais

letreiro (m)	skilt (n)	['ʂilt]
aviso (m)	innskrift (m/f)	['inˌskrift]
cartaz, pôster (m)	plakat, poster (m)	['plɑˌkɑt], ['pɔstər]
placa (f) de direção	veiviser (m)	['væjˌvisər]
seta (f)	pil (m/f)	['pil]

aviso (advertência)	advarsel (m)	['ɑdˌvɑʂəl]
sinal (m) de aviso	varselskilt (n)	['vɑʂəlˌʂilt]
avisar, advertir (vt)	å varsle	[ɔ 'vɑʂlə]
dia (m) de folga	fridag (m)	['friˌdɑ]

horário (~ dos trens, etc.)	rutetabell (m)	['rʉtəˌta'bɛl]
horário (m)	åpningstider (m/f pl)	['ɔpniŋsˌtidər]
BEM-VINDOS!	VELKOMMEN!	['vɛlˌkɔmən]
ENTRADA	INNGANG	['inˌgaŋ]
SAÍDA	UTGANG	['ʉtˌgaŋ]
EMPURRE	SKYV	['ʂyv]
PUXE	TREKK	['trɛk]
ABERTO	ÅPENT	['ɔpənt]
FECHADO	STENGT	['stɛŋt]
MULHER	DAMER	['damər]
HOMEM	HERRER	['hærər]
DESCONTOS	RABATT	[ra'bat]
SALDOS, PROMOÇÃO	SALG	['salg]
NOVIDADE!	NYTT!	['nʏt]
GRÁTIS	GRATIS	['gratis]
ATENÇÃO!	FORSIKTIG!	[fʊ'ʂiktə]
NÃO HÁ VAGAS	INGEN LEDIGE ROM	['iŋən 'lediə rʊm]
RESERVADO	RESERVERT	[resɛr'vɛ:t]
ADMINISTRAÇÃO	ADMINISTRASJON	[administra'ʂʉn]
SOMENTE PESSOAL AUTORIZADO	KUN FOR ANSATTE	['kʉn fɔr an'satə]
CUIDADO CÃO FEROZ	VOKT DEM FOR HUNDEN	['vɔkt dem fɔ 'hʉnən]
PROIBIDO FUMAR!	RØYKING FORBUDT	['røjkiŋ fɔr'bʉt]
NÃO TOCAR	IKKE RØR!	['ikə 'rør]
PERIGOSO	FARLIG	['fa:lį]
PERIGO	FARE	['farə]
ALTA TENSÃO	HØYSPENNING	['højˌspɛniŋ]
PROIBIDO NADAR	BADING FORBUDT	['badiŋ fɔr'bʉt]
COM DEFEITO	I USTAND	[i 'ʉˌstan]
INFLAMÁVEL	BRANNFARLIG	['branˌfa:lį]
PROIBIDO	FORBUDT	[fɔr'bʉt]
ENTRADA PROIBIDA	INGEN INNKJØRING	['iŋən 'inˌçœriŋ]
CUIDADO TINTA FRESCA	NYMALT	['nyˌmalt]

56. Transportes urbanos

ônibus (m)	buss (m)	['bʉs]
bonde (m) elétrico	trikk (m)	['trik]
trólebus (m)	trolleybuss (m)	['trɔliˌbʉs]
rota (f), itinerário (m)	rute (m/f)	['rʉtə]
número (m)	nummer (n)	['nʉmər]
ir de … (carro, etc.)	å kjøre med …	[ɔ 'çœ:rə me …]
entrar no …	å gå på …	[ɔ 'gɔ pɔ …]
descer do …	å gå av …	[ɔ 'gɔ a: …]

parada (f)	holdeplass (m)	['hɔlə‚plas]
próxima parada (f)	neste holdeplass (m)	['nɛstə 'hɔlə‚plas]
terminal (m)	endestasjon (m)	['ɛnə‚sta'ʂʊn]
horário (m)	rutetabell (m)	['rʉtə‚ta'bɛl]
esperar (vt)	å vente	[ɔ 'vɛntə]

| passagem (f) | billett (m) | [bi'let] |
| tarifa (f) | billettpris (m) | [bi'let‚pris] |

bilheteiro (m)	kasserer (m)	[ka'serər]
controle (m) de passagens	billettkontroll (m)	[bi'let kʊn‚trɔl]
revisor (m)	billett inspektør (m)	[bi'let inspɛk'tør]

atrasar-se (vr)	å komme for sent	[ɔ 'kɔmə fɔ'ʂɛnt]
perder (o autocarro, etc.)	å komme for sent til ...	[ɔ 'kɔmə fɔ'ʂɛnt til ...]
estar com pressa	å skynde seg	[ɔ 'ʂynə sæj]

táxi (m)	drosje (m/f), taxi (m)	['drɔʂɛ], ['taksi]
taxista (m)	taxisjåfør (m)	['taksi ʂɔ'før]
de táxi (ir ~)	med taxi	[me 'taksi]
ponto (m) de táxis	taxiholdeplass (m)	['taksi 'hɔlə‚plas]
chamar um táxi	å taxi bestellen	[ɔ 'taksi be'stɛlən]
pegar um táxi	å ta taxi	[ɔ 'ta ‚taksi]

tráfego (m)	trafikk (m)	[tra'fik]
engarrafamento (m)	trafikkork (m)	[tra'fik‚kɔrk]
horas (f pl) de pico	rushtid (m/f)	['rʉʂ‚tid]
estacionar (vi)	å parkere	[ɔ par'kerə]
estacionar (vt)	å parkere	[ɔ par'kerə]
parque (m) de estacionamento	parkeringsplass (m)	[par'keriŋs‚plas]

metrô (m)	tunnelbane, T-bane (m)	['tʉnəl‚banə], ['tɛ‚banə]
estação (f)	stasjon (m)	[sta'ʂʊn]
ir de metrô	å kjøre med T-bane	[ɔ 'çœːrə me 'tɛ‚banə]
trem (m)	tog (n)	['tɔg]
estação (f) de trem	togstasjon (m)	['tɔg‚sta'ʂʊn]

57. Turismo

monumento (m)	monument (n)	[mɔnʉ'mɛnt]
fortaleza (f)	festning (m/f)	['fɛstniŋ]
palácio (m)	palass (n)	[pa'las]
castelo (m)	borg (m)	['bɔrg]
torre (f)	tårn (n)	['tɔːɳ]
mausoléu (m)	mausoleum (n)	[maʊsʉ'leum]

arquitetura (f)	arkitektur (m)	[arkitɛk'tʉr]
medieval (adj)	middelalderlig	['midəl‚aldɛːli]
antigo (adj)	gammel	['gaməl]
nacional (adj)	nasjonal	[naʂʊ'nal]
famoso, conhecido (adj)	kjent	['çɛnt]

| turista (m) | turist (m) | [tʉ'rist] |
| guia (pessoa) | guide (m) | ['gajd] |

excursão (f)	utflukt (m/f)	['ʉtˌflʉkt]
mostrar (vt)	å vise	[ɔ 'visə]
contar (vt)	å fortelle	[ɔ fɔ:'ʈɛlə]
encontrar (vt)	å finne	[ɔ 'finə]
perder-se (vr)	å gå seg bort	[ɔ 'gɔ sæj 'bʉːt]
mapa (~ do metrô)	kart, linjekart (n)	['kɑːt], ['linjə'kɑːt]
mapa (~ da cidade)	kart (n)	['kɑːt]
lembrança (f), presente (m)	suvenir (m)	[suve'nir]
loja (f) de presentes	suvenirbutikk (m)	[suve'nir bʉ'tik]
tirar fotos, fotografar	å fotografere	[ɔ fɔtɔgra'ferə]
fotografar-se (vr)	å bli fotografert	[ɔ 'bli fɔtɔgra'fɛːʈ]

58. Compras

comprar (vt)	å kjøpe	[ɔ 'çœːpə]
compra (f)	innkjøp (n)	['inˌçœp]
fazer compras	å gå shopping	[ɔ 'gɔ ˌʂopiŋ]
compras (f pl)	shopping (m)	['ʂopiŋ]
estar aberta (loja)	å være åpen	[ɔ 'værə 'ɔpən]
estar fechada	å være stengt	[ɔ 'værə 'stɛŋt]
calçado (m)	skotøy (n)	['skʉtøj]
roupa (f)	klær (n)	['klær]
cosméticos (m pl)	kosmetikk (m)	[kʉsme'tik]
alimentos (m pl)	matvarer (m/f pl)	['matˌvarər]
presente (m)	gave (m/f)	['gɑvə]
vendedor (m)	forselger (m)	[fɔ'ʂɛlər]
vendedora (f)	forselger (m)	[fɔ'ʂɛlər]
caixa (f)	kasse (m/f)	['kɑsə]
espelho (m)	speil (n)	['spæjl]
balcão (m)	disk (m)	['disk]
provador (m)	prøverom (n)	['prøvəˌrʉm]
provar (vt)	å prøve	[ɔ 'prøvə]
servir (roupa, caber)	å passe	[ɔ 'pɑsə]
gostar (apreciar)	å like	[ɔ 'likə]
preço (m)	pris (m)	['pris]
etiqueta (f) de preço	prislapp (m)	['prisˌlɑp]
custar (vt)	å koste	[ɔ 'kɔstə]
Quanto?	Hvor mye?	[vʉr 'mye]
desconto (m)	rabatt (m)	[ra'bɑt]
não caro (adj)	billig	['bili]
barato (adj)	billig	['bili]
caro (adj)	dyr	['dyr]
É caro	Det er dyrt	[de ær 'dyːʈ]
aluguel (m)	utleie (m/f)	['ʉtˌlæjə]
alugar (roupas, etc.)	å leie	[ɔ 'læjə]

crédito (m)	**kreditt** (m)	[krɛ'dit]
a crédito	**på kreditt**	[pɔ krɛ'dit]

59. Dinheiro

dinheiro (m)	**penger** (m pl)	['pɛŋər]
câmbio (m)	**veksling** (m/f)	['vɛkʂliŋ]
taxa (f) de câmbio	**kurs** (m)	['kuʂ]
caixa (m) eletrônico	**minibank** (m)	['mini̩bank]
moeda (f)	**mynt** (m)	['mʏnt]

dólar (m)	**dollar** (m)	['dɔlar]
euro (m)	**euro** (m)	['ɛʉrʊ]

lira (f)	**lira** (m)	['lire]
marco (m)	**mark** (m/f)	['mɑrk]
franco (m)	**franc** (m)	['fran]
libra (f) esterlina	**pund sterling** (m)	['pʉn stɛ:'liŋ]
iene (m)	**yen** (m)	['jɛn]

dívida (f)	**skyld** (m/f), **gjeld** (m)	['ʂʏl], ['jɛl]
devedor (m)	**skyldner** (m)	['ʂʏlnər]
emprestar (vt)	**å låne ut**	[ɔ 'lo:nə ʉt]
pedir emprestado	**å låne**	[ɔ 'lo:nə]

banco (m)	**bank** (m)	['bank]
conta (f)	**konto** (m)	['kɔntʊ]
depositar (vt)	**å sette inn**	[ɔ 'sɛtə in]
depositar na conta	**å sette inn på kontoen**	[ɔ 'sɛtə in pɔ 'kɔntʊən]
sacar (vt)	**å ta ut fra kontoen**	[ɔ 'ta ʉt fra 'kɔntʊən]

cartão (m) de crédito	**kredittkort** (n)	[krɛ'dit̩kɔ:t]
dinheiro (m) vivo	**kontanter** (m pl)	[kʊn'tantər]
cheque (m)	**sjekk** (m)	['ʂɛk]
passar um cheque	**å skrive en sjekk**	[ɔ 'skrivə en 'ʂɛk]
talão (m) de cheques	**sjekkbok** (m/f)	['ʂɛk̩bʊk]

carteira (f)	**lommebok** (m)	['lʊmə̩bʊk]
niqueleira (f)	**pung** (m)	['pʉŋ]
cofre (m)	**safe, seif** (m)	['sɛjf]

herdeiro (m)	**arving** (m)	['arviŋ]
herança (f)	**arv** (m)	['arv]
fortuna (riqueza)	**formue** (m)	['fɔr̩mʉə]

arrendamento (m)	**leie** (m)	['læje]
aluguel (pagar o ~)	**husleie** (m/f)	['hʉs̩læje]
alugar (vt)	**å leie**	[ɔ 'læje]

preço (m)	**pris** (m)	['pris]
custo (m)	**kostnad** (m)	['kɔstnad]
soma (f)	**sum** (m)	['sʉm]
gastar (vt)	**å bruke**	[ɔ 'brʉkə]
gastos (m pl)	**utgifter** (m/f pl)	['ʉt̩jiftər]

economizar (vi)	å spare	[ɔ 'sparə]
econômico (adj)	sparsom	['spaʂɔm]
pagar (vt)	å betale	[ɔ be'talə]
pagamento (m)	betaling (m/f)	[be'taliŋ]
troco (m)	vekslepenger (pl)	['vɛkʂlə,pɛŋər]
imposto (m)	skatt (m)	['skat]
multa (f)	bot (m/f)	['bʊt]
multar (vt)	å bøtelegge	[ɔ 'bøtə,legə]

60. Correios. Serviço postal

agência (f) dos correios	post (m)	['pɔst]
correio (m)	post (m)	['pɔst]
carteiro (m)	postbud (n)	['pɔst,bʉd]
horário (m)	åpningstider (m/f pl)	['ɔpniŋs,tidər]
carta (f)	brev (n)	['brev]
carta (f) registada	rekommandert brev (n)	[rekʊman'dɛ:ʈ ,brev]
cartão (m) postal	postkort (n)	['pɔst,kɔ:ʈ]
telegrama (m)	telegram (n)	[tele'gram]
encomenda (f)	postpakke (m/f)	['pɔst,pakə]
transferência (f) de dinheiro	pengeoverføring (m/f)	['pɛŋə 'ɔver,føriŋ]
receber (vt)	å motta	[ɔ 'mɔta]
enviar (vt)	å sende	[ɔ 'sɛnə]
envio (m)	avsending (m)	['af,sɛniŋ]
endereço (m)	adresse (m)	[a'drɛsə]
código (m) postal	postnummer (n)	['pɔst,nʉmər]
remetente (m)	avsender (m)	['af,sɛnər]
destinatário (m)	mottaker (m)	['mɔt,takər]
nome (m)	fornavn (n)	['fɔr,navn]
sobrenome (m)	etternavn (n)	['ɛtə,ŋavn]
tarifa (f)	tariff (m)	[ta'rif]
ordinário (adj)	vanlig	['vanli]
econômico (adj)	økonomisk	[økʊ'nɔmisk]
peso (m)	vekt (m)	['vɛkt]
pesar (estabelecer o peso)	å veie	[ɔ 'væjə]
envelope (m)	konvolutt (m)	[kʊnvʊ'lʉt]
selo (m) postal	frimerke (n)	['fri,mærkə]
colar o selo	å sette på frimerke	[ɔ 'sɛtə pɔ 'fri,mærkə]

Moradia. Casa. Lar

61. Casa. Eletricidade

eletricidade (f)	elektrisitet (m)	[ɛlektrisi'tet]
lâmpada (f)	lyspære (m/f)	['lys,pærə]
interruptor (m)	strømbryter (m)	['strøm,brytər]
fusível, disjuntor (m)	sikring (m)	['sikriŋ]
fio, cabo (m)	ledning (m)	['ledniŋ]
instalação (f) elétrica	ledningsnett (n)	['ledniŋs,nɛt]
medidor (m) de eletricidade	elmåler (m)	['ɛl,molər]
indicação (f), registro (m)	avlesninger (m/f pl)	['av,lesniŋər]

62. Moradia. Mansão

casa (f) de campo	fritidshus (n)	['fritids,hʉs]
vila (f)	villa (m)	['vila]
ala (~ do edifício)	fløy (m)	['fløj]
jardim (m)	hage (m)	['hagə]
parque (m)	park (m)	['park]
estufa (f)	drivhus (n)	['driv,hʉs]
cuidar de ...	å ta vare	[ɔ 'ta ,varə]
piscina (f)	svømmebasseng (n)	['svœmə,ba'sɛŋ]
academia (f) de ginástica	gym (m)	['dʒym]
quadra (f) de tênis	tennisbane (m)	['tɛnis,banə]
cinema (m)	hjemmekino (m)	['jɛmə,çinʉ]
garagem (f)	garasje (m)	[ga'raʂə]
propriedade (f) privada	privateiendom (m)	[pri'vat 'æjəndɔm]
terreno (m) privado	privat terreng (n)	[pri'vat tɛ'rɛŋ]
advertência (f)	advarsel (m)	['ad,vaʂəl]
sinal (m) de aviso	varselskilt (n)	['vaʂəl,ʂilt]
guarda (f)	sikkerhet (m/f)	['sikər,het]
guarda (m)	sikkerhetsvakt (m/f)	['sikərhɛts,vakt]
alarme (m)	tyverialarm (m)	[tyve'ri a'larm]

63. Apartamento

apartamento (m)	leilighet (m/f)	['læjli,het]
quarto, cômodo (m)	rom (n)	['rʊm]
quarto (m) de dormir	soverom (n)	['sɔvə,rʊm]

sala (f) de jantar	spisestue (m/f)	['spisə‚stʉə]
sala (f) de estar	dagligstue (m/f)	['dagli‚stʉə]
escritório (m)	arbeidsrom (n)	['arbæjds‚rʊm]
sala (f) de entrada	entré (m)	[an'trɛ:]
banheiro (m)	bad, baderom (n)	['bad], ['badə‚rʊm]
lavabo (m)	toalett, WC (n)	[tʊɑ'let], [vɛ'sɛ]
teto (m)	tak (n)	['tak]
chão, piso (m)	gulv (n)	['gʉlv]
canto (m)	hjørne (n)	['jœ:ŋə]

64. Mobiliário. Interior

mobiliário (m)	møbler (n pl)	['møblər]
mesa (f)	bord (n)	['bʊr]
cadeira (f)	stol (m)	['stʊl]
cama (f)	seng (m/f)	['sɛŋ]
sofá, divã (m)	sofa (m)	['sʊfa]
poltrona (f)	lenestol (m)	['lenə‚stʊl]
estante (f)	bokskap (n)	['bʊk‚skap]
prateleira (f)	hylle (m/f)	['hylə]
guarda-roupas (m)	klesskap (n)	['kle‚skap]
cabide (m) de parede	knaggbrett (n)	['knag‚brɛt]
cabideiro (m) de pé	stumtjener (m)	['stʉm‚tjenər]
cômoda (f)	kommode (m)	[kʊ'mʊdə]
mesinha (f) de centro	kaffebord (n)	['kafə‚bʊr]
espelho (m)	speil (n)	['spæjl]
tapete (m)	teppe (n)	['tɛpə]
tapete (m) pequeno	lite teppe (n)	['litə 'tɛpə]
lareira (f)	peis (m), ildsted (n)	['pæjs], ['ilsted]
vela (f)	lys (n)	['lys]
castiçal (m)	lysestake (m)	['lysə‚stakə]
cortinas (f pl)	gardiner (m/f pl)	[ga:'dinər]
papel (m) de parede	tapet (n)	[ta'pet]
persianas (f pl)	persienne (m)	[pæṣi'enə]
luminária (f) de mesa	bordlampe (m/f)	['bʊr‚lampə]
luminária (f) de parede	vegglampe (m/f)	['vɛg‚lampə]
abajur (m) de pé	gulvlampe (m/f)	['gʉlv‚lampə]
lustre (m)	lysekrone (m/f)	['lysə‚krʊnə]
pé (de mesa, etc.)	bein (n)	['bæjn]
braço, descanso (m)	armlene (n)	['arm‚lenə]
costas (f pl)	rygg (m)	['ryg]
gaveta (f)	skuff (m)	['skʉf]

65. Quarto de dormir

roupa (f) de cama	sengetøy (n)	['sɛŋə̩tøj]
travesseiro (m)	pute (m/f)	['pʉtə]
fronha (f)	putevar, putetrekk (n)	['pʉtə̩var], ['pʉtə̩trɛk]
cobertor (m)	dyne (m/f)	['dynə]
lençol (m)	laken (n)	['lakən]
colcha (f)	sengeteppe (n)	['sɛŋə̩tɛpə]

66. Cozinha

cozinha (f)	kjøkken (n)	['çœkən]
gás (m)	gass (m)	['gas]
fogão (m) a gás	gasskomfyr (m)	['gas kɔm̩fyr]
fogão (m) elétrico	elektrisk komfyr (m)	[ɛ'lektrisk kɔm̩fyr]
forno (m)	bakeovn (m)	['bakə̩ɔvn]
forno (m) de micro-ondas	mikrobølgeovn (m)	['mikrʉ̩bølgə'ɔvn]

geladeira (f)	kjøleskap (n)	['çœlə̩skap]
congelador (m)	fryser (m)	['frysər]
máquina (f) de lavar louça	oppvaskmaskin (m)	['ɔpvask ma̩ʂin]

moedor (m) de carne	kjøttkvern (m/f)	['çœt̩kvɛːn]
espremedor (m)	juicepresse (m/f)	['dʒʉs̩prɛsə]
torradeira (f)	brødrister (m)	['brø̩ristər]
batedeira (f)	mikser (m)	['miksər]

máquina (f) de café	kaffetrakter (m)	['kafə̩traktər]
cafeteira (f)	kaffekanne (m/f)	['kafə̩kanə]
moedor (m) de café	kaffekvern (m/f)	['kafə̩kvɛːn]

chaleira (f)	tekjele (m)	['te̩çelə]
bule (m)	tekanne (m/f)	['te̩kanə]
tampa (f)	lokk (n)	['lɔk]
coador (m) de chá	tesil (m)	['te̩sil]

colher (f)	skje (m)	['ʂe]
colher (f) de chá	teskje (m)	['te̩ʂe]
colher (f) de sopa	spiseskje (m)	['spisə̩ʂɛ]
garfo (m)	gaffel (m)	['gafəl]
faca (f)	kniv (m)	['kniv]

louça (f)	servise (n)	[sær'visə]
prato (m)	tallerken (m)	[ta'lærkən]
pires (m)	tefat (n)	['te̩fat]

cálice (m)	shotglass (n)	['ʂɔt̩glas]
copo (m)	glass (n)	['glas]
xícara (f)	kopp (m)	['kɔp]

açucareiro (m)	sukkerskål (m/f)	['sʉkər̩skɔl]
saleiro (m)	saltbøsse (m/f)	['salt̩bøsə]
pimenteiro (m)	pepperbøsse (m/f)	['pɛpər̩bøsə]

manteigueira (f)	smørkopp (m)	['smœr‚kɔp]
panela (f)	gryte (m/f)	['grytə]
frigideira (f)	steikepanne (m/f)	['stæjkə‚panə]
concha (f)	sleiv (m/f)	['ʂlæjv]
coador (m)	dørslag (n)	['dœʂlag]
bandeja (f)	brett (n)	['brɛt]

garrafa (f)	flaske (m)	['flaskə]
pote (m) de vidro	glasskrukke (m/f)	['glas‚krʉkə]
lata (~ de cerveja)	boks (m)	['bɔks]

abridor (m) de garrafa	flaskeåpner (m)	['flaskə‚ɔpnər]
abridor (m) de latas	konservåpner (m)	['kʉnsəv‚ɔpnər]
saca-rolhas (m)	korketrekker (m)	['kɔrkə‚trɛkər]
filtro (m)	filter (n)	['filtər]
filtrar (vt)	å filtrere	[ɔ fil'trerə]

| lixo (m) | søppel (m/f/n) | ['sœpəl] |
| lixeira (f) | søppelbøtte (m/f) | ['sœpəl‚bœtə] |

67. Casa de banho

banheiro (m)	bad, baderom (n)	['bad], ['badə‚rʉm]
água (f)	vann (n)	['van]
torneira (f)	kran (m/f)	['kran]
água (f) quente	varmt vann (n)	['varmt ‚van]
água (f) fria	kaldt vann (n)	['kalt van]

pasta (f) de dente	tannpasta (m)	['tan‚pasta]
escovar os dentes	å pusse tennene	[ɔ 'pʉsə 'tɛnənə]
escova (f) de dente	tannbørste (m)	['tan‚bœʂtə]

barbear-se (vr)	å barbere seg	[ɔ bar'berə sæj]
espuma (f) de barbear	barberskum (n)	[bar'bɛ‚skʉm]
gilete (f)	høvel (m)	['høvəl]

lavar (vt)	å vaske	[ɔ 'vaskə]
tomar banho	å vaske seg	[ɔ 'vaskə sæj]
chuveiro (m), ducha (f)	dusj (m)	['dʉʂ]
tomar uma ducha	å ta en dusj	[ɔ 'ta en 'dʉʂ]

banheira (f)	badekar (n)	['badə‚kar]
vaso (m) sanitário	toalettstol (m)	[tʉa'let‚stʉl]
pia (f)	vaskeservant (m)	['vaskə‚sɛr'vant]

| sabonete (m) | såpe (m/f) | ['so:pə] |
| saboneteira (f) | såpeskål (m/f) | ['so:pə‚skɔl] |

esponja (f)	svamp (m)	['svamp]
xampu (m)	sjampo (m)	['ʂam‚pʉ]
toalha (f)	håndkle (n)	['hɔn‚kle]
roupão (m) de banho	badekåpe (m/f)	['badə‚ko:pə]
lavagem (f)	vask (m)	['vask]
lavadora (f) de roupas	vaskemaskin (m)	['vaskə ma‚ʂin]

| lavar a roupa | å vaske tøy | [ɔ 'vɑskə 'tøj] |
| detergente (m) | vaskepulver (n) | ['vɑskə‚pʉlvər] |

68. Eletrodomésticos

televisor (m)	TV (m), TV-apparat (n)	['tɛvɛ], ['tɛvɛ ɑpɑ'rɑt]
gravador (m)	båndopptaker (m)	['bɔn‚ɔptɑkər]
videogravador (m)	video (m)	['videʉ]
rádio (m)	radio (m)	['rɑdiʉ]
leitor (m)	spiller (m)	['spilər]
projetor (m)	videoprojektor (m)	['videʉ prɔ'jɛktɔr]
cinema (m) em casa	hjemmekino (m)	['jɛmə‚çinʉ]
DVD Player (m)	DVD-spiller (m)	[deve'de ‚spilər]
amplificador (m)	forsterker (m)	[fɔ'ʂtærkər]
console (f) de jogos	spillkonsoll (m)	['spil kʉn'sɔl]
câmera (f) de vídeo	videokamera (n)	['videʉ ‚kamera]
máquina (f) fotográfica	kamera (n)	['kamera]
câmera (f) digital	digitalkamera (n)	[digi'tal ‚kamera]
aspirador (m)	støvsuger (m)	['støf‚sʉgər]
ferro (m) de passar	strykejern (n)	['strykə‚jæːɳ]
tábua (f) de passar	strykebrett (n)	['strykə‚brɛt]
telefone (m)	telefon (m)	[tele'fʊn]
celular (m)	mobiltelefon (m)	[mʊ'bil tele'fʊn]
máquina (f) de escrever	skrivemaskin (m)	['skrivə mɑ‚ʂin]
máquina (f) de costura	symaskin (m)	['siːmɑ‚ʂin]
microfone (m)	mikrofon (m)	[mikrʊ'fʊn]
fone (m) de ouvido	hodetelefoner (n pl)	['hɔdətelə‚fʊnər]
controle remoto (m)	fjernkontroll (m)	['fjæːɳ kʉn'trɔl]
CD (m)	CD-rom (m)	['sɛdɛ‚rʊm]
fita (f) cassete	kassett (m)	[kɑ'sɛt]
disco (m) de vinil	plate, skive (m/f)	['platə], ['ʂivə]

ATIVIDADES HUMANAS

Emprego. Negócios. Parte 1

69. Escritório. O trabalho no escritório

escritório (~ de advogados)	kontor (n)	[kʊn'tʊr]
escritório (do diretor, etc.)	kontor (n)	[kʊn'tʊr]
recepção (f)	resepsjon (m)	[resɛp'sʊn]
secretário (m)	sekretær (m)	[sɛkrə'tær]
secretária (f)	sekretær (m)	[sɛkrə'tær]
diretor (m)	direktør (m)	[dirɛk'tør]
gerente (m)	manager (m)	['mɛnidʒər]
contador (m)	regnskapsfører (m)	['rɛjnskaps‚førər]
empregado (m)	ansatt (n)	['an‚sat]
mobiliário (m)	møbler (n pl)	['møblər]
mesa (f)	bord (n)	['bʊr]
cadeira (f)	arbeidsstol (m)	['arbæjds‚stʊl]
gaveteiro (m)	skuffeseksjon (m)	['skʉfə‚sɛk'sʊn]
cabideiro (m) de pé	stumtjener (m)	['stʉm‚tjenər]
computador (m)	datamaskin (m)	['data ma‚şin]
impressora (f)	skriver (m)	['skrivər]
fax (m)	faks (m)	['faks]
fotocopiadora (f)	kopimaskin (m)	[kʊ'pi ma‚şin]
papel (m)	papir (n)	[pa'pir]
artigos (m pl) de escritório	kontorartikler (m pl)	[kʊn'tʊr a:'ţiklər]
tapete (m) para mouse	musematte (m/f)	['mʉsə‚matə]
folha (f)	ark (n)	['ark]
pasta (f)	mappe (m/f)	['mapə]
catálogo (m)	katalog (m)	[kata'lɔg]
lista (f) telefônica	telefonkatalog (m)	[tele'fʊn kata'lɔg]
documentação (f)	dokumentasjon (m)	[dɔkʉmɛnta'şʊn]
brochura (f)	brosjyre (m)	[brɔ'şyrə]
panfleto (m)	reklameblad (n)	[rɛ'klamə‚bla]
amostra (f)	prøve (m)	['prøvə]
formação (f)	trening (m/f)	['treniŋ]
reunião (f)	møte (n)	['møtə]
hora (f) de almoço	lunsj pause (m)	['lʉnş ‚pausə]
fazer uma cópia	å lage en kopi	[ɔ 'lagə en kʊ'pi]
tirar cópias	å kopiere	[ɔ kʊ'pjerə]
receber um fax	å motta faks	[ɔ 'mɔta ‚faks]
enviar um fax	å sende faks	[ɔ 'sɛnə ‚faks]

fazer uma chamada	å ringe	[ɔ 'riŋə]
responder (vt)	å svare	[ɔ 'svarə]
passar (vt)	å sætte over til ...	[ɔ 'sætə 'ɔvər til ...]

marcar (vt)	å arrangere	[ɔ araŋ'şerə]
demonstrar (vt)	å demonstrere	[ɔ demɔn'strerə]
estar ausente	å være fraværende	[ɔ 'værə 'fra,værənə]
ausência (f)	fravær (n)	['fra,vær]

70. Processos negociais. Parte 1

negócio (m)	bedrift, handel (m)	[be'drift], ['handəl]
ocupação (f)	yrke (n)	['yrkə]
firma, empresa (f)	firma (n)	['firma]
companhia (f)	foretak (n)	['fɔrə,tak]
corporação (f)	korporasjon (m)	[kurpura'şun]
empresa (f)	foretak (n)	['fɔrə,tak]
agência (f)	agentur (n)	[agɛn'tʉr]

acordo (documento)	avtale (m)	['av,talə]
contrato (m)	kontrakt (m)	[kun'trakt]
acordo (transação)	avtale (m)	['av,talə]
pedido (m)	bestilling (m)	[be'stiliŋ]
termos (m pl)	vilkår (n)	['vil,kɔːr]

por atacado	en gros	[ɛn 'grɔ]
por atacado (adj)	engros-	[ɛŋ'grɔ-]
venda (f) por atacado	engroshandel (m)	[ɛŋ'grɔ,handəl]
a varejo	detalj-	[de'talj-]
venda (f) a varejo	detaljhandel (m)	[de'talj,handəl]

concorrente (m)	konkurrent (m)	[kunkʉ'rɛnt]
concorrência (f)	konkurranse (m)	[kunkʉ'ransə]
competir (vi)	å konkurrere	[ɔ kunkʉ'rerə]

| sócio (m) | partner (m) | ['paːṭnər] |
| parceria (f) | partnerskap (n) | ['paːṭnə,skap] |

crise (f)	krise (m/f)	['krisə]
falência (f)	fallitt (m)	[fa'lit]
entrar em falência	å gå konkurs	[ɔ 'gɔ kɔn'kʉş]
dificuldade (f)	vanskelighet (m)	['vanskəli,het]
problema (m)	problem (n)	[prʉ'blem]
catástrofe (f)	katastrofe (m)	[kata'strɔfə]

economia (f)	økonomi (m)	[økunu'mi]
econômico (adj)	økonomisk	[økʉ'nɔmisk]
recessão (f) econômica	økonomisk nedgang (m)	[økʉ'nɔmisk 'ned,gaŋ]

| objetivo (m) | mål (n) | ['mol] |
| tarefa (f) | oppgave (m/f) | ['ɔp,gavə] |

| comerciar (vi, vt) | å handle | [ɔ 'handlə] |
| rede (de distribuição) | nettverk (n) | ['nɛt,værk] |

| estoque (m) | lager (n) | ['lagǝr] |
| sortimento (m) | sortiment (n) | [sɔ:ʈi'mɛn] |

líder (m)	leder (m)	['ledǝr]
grande (~ empresa)	stor	['stʊr]
monopólio (m)	monopol (n)	[mʊnʊ'pɔl]

teoria (f)	teori (m)	[teʊ'ri]
prática (f)	praksis (m)	['praksis]
experiência (f)	erfaring (m/f)	[ær'fariŋ]
tendência (f)	tendens (m)	[tɛn'dɛns]
desenvolvimento (m)	utvikling (m/f)	['ʉt,vikliŋ]

71. Processos negociais. Parte 2

| rentabilidade (f) | utbytte (n), fordel (m) | ['ʉt,bʏtǝ], ['fɔ:ɖel] |
| rentável (adj) | fordelaktig | [fɔ:ɖǝl'akti] |

delegação (f)	delegasjon (m)	[delega'ʂʊn]
salário, ordenado (m)	lønn (m/f)	['lœn]
corrigir (~ um erro)	å rette	[ɔ 'rɛtǝ]
viagem (f) de negócios	forretningsreise (m/f)	[fʊ'rɛtniŋs,ræjsǝ]
comissão (f)	provisjon (m)	[prʊvi'ʂʊn]

controlar (vt)	å kontrollere	[ɔ kʊntrɔ'lerǝ]
conferência (f)	konferanse (m)	[kʊnfǝ'ransǝ]
licença (f)	lisens (m)	[li'sɛns]
confiável (adj)	pålitelig	[pɔ'liteli]

empreendimento (m)	initiativ (n)	[initsia'tiv]
norma (f)	norm (m)	['nɔrm]
circunstância (f)	omstendighet (m)	[ɔm'stɛndi,het]
dever (do empregado)	plikt (m/f)	['plikt]

empresa (f)	organisasjon (m)	[ɔrganisa'ʂʊn]
organização (f)	organisering (m)	[ɔrgani'seriŋ]
organizado (adj)	organisert	[ɔrgani'sɛ:ʈ]
anulação (f)	avlysning (m/f)	['av,lʏsniŋ]
anular, cancelar (vt)	å avlyse, å annullere	[ɔ 'av,lysǝ], [ɔ anʉ'lerǝ]
relatório (m)	rapport (m)	[ra'pɔ:ʈ]

patente (f)	patent (n)	[pa'tɛnt]
patentear (vt)	å patentere	[ɔ paten'terǝ]
planejar (vt)	å planlegge	[ɔ 'plan,legǝ]

bônus (m)	gratiale (n)	[graʦi'a:lǝ]
profissional (adj)	professionel	[prʊ'fɛsiɔ,nɛl]
procedimento (m)	prosedyre (m)	[prʊsǝ'dyrǝ]

examinar (~ a questão)	å undersøke	[ɔ 'ʉnǝ,søkǝ]
cálculo (m)	beregning (m/f)	[be'rɛjniŋ]
reputação (f)	rykte (n)	['rʏktǝ]
risco (m)	risiko (m)	['risikʊ]
dirigir (~ uma empresa)	å styre, å lede	[ɔ 'styrǝ], [ɔ 'ledǝ]

informação (f)	opplysninger (m/f pl)	['ɔpˌlʏsniŋər]
propriedade (f)	eiendom (m)	['æjənˌdɔm]
união (f)	forbund (n)	['fɔrˌbʉn]

seguro (m) de vida	livsforsikring (m/f)	['lifsfɔˌsikriŋ]
fazer um seguro	å forsikre	[ɔ fɔ'ṣikrə]
seguro (m)	forsikring (m/f)	[fɔ'ṣikriŋ]

leilão (m)	auksjon (m)	[aʊk'ṣʉn]
notificar (vt)	å underrette	[ɔ 'ʉnəˌrɛtə]
gestão (f)	ledelse (m)	['ledəlsə]
serviço (indústria de ~s)	tjeneste (m)	['tjenɛstə]

fórum (m)	forum (n)	['fɔrum]
funcionar (vi)	å fungere	[ɔ fʉ'ŋerə]
estágio (m)	etappe (m)	[e'tɑpə]
jurídico, legal (adj)	juridisk	[jʉ'ridisk]
advogado (m)	jurist (m)	[jʉ'rist]

72. Produção. Trabalhos

usina (f)	verk (n)	['værk]
fábrica (f)	fabrikk (m)	[fɑ'brik]
oficina (f)	verkstad (m)	['værkˌstɑd]
local (m) de produção	produksjonsplass (m)	[prʊdʊk'ṣʉns ˌplɑs]

indústria (f)	industri (m)	[indʉ'stri]
industrial (adj)	industriell	[indʉstri'ɛl]
indústria (f) pesada	tungindustri (m)	['tʉŋ ˌindʉ'stri]
indústria (f) ligeira	lettindustri (m)	['letˌindʉ'stri]

produção (f)	produksjon (m)	[prʊdʊk'ṣʉn]
produzir (vt)	å produsere	[ɔ prʊdʉ'serə]
matérias-primas (f pl)	råstoffer (n pl)	['rɔˌstɔfər]

chefe (m) de obras	formann, bas (m)	['fɔrmɑn], ['bɑs]
equipe (f)	arbeidslag (n)	['ɑrbæjdsˌlɑg]
operário (m)	arbeider (m)	['ɑrˌbæjdər]

dia (m) de trabalho	arbeidsdag (m)	['ɑrbæjdsˌdɑ]
intervalo (m)	hvilepause (m)	['viləˌpaʊse]
reunião (f)	møte (n)	['møtə]
discutir (vt)	å drøfte, å diskutere	[ɔ 'drœftə], [ɔ diskʉ'terə]

plano (m)	plan (m)	['plɑn]
cumprir o plano	å oppfylle planen	[ɔ 'ɔpˌfʏlə 'plɑnən]
taxa (f) de produção	produksjonsmål (n)	[prʊdʊk'ṣʉns ˌmol]
qualidade (f)	kvalitet (m)	[kvɑli'tɛt]
controle (m)	kontroll (m)	[kʊn'trɔl]
controle (m) da qualidade	kvalitetskontroll (m)	[kvɑli'tɛt kʊn'trɔl]

segurança (f) no trabalho	arbeidervern (n)	['ɑrbæjdərˌvæ:n]
disciplina (f)	disiplin (m)	[disip'lin]
infração (f)	brudd (n)	['brʉd]

violar (as regras)	å bryte	[ɔ 'brytə]
greve (f)	streik (m)	['stræjk]
grevista (m)	streiker (m)	['stræjkər]
estar em greve	å streike	[ɔ 'stræjkə]
sindicato (m)	fagforening (m/f)	['fagfɔˌreniŋ]

inventar (vt)	å oppfinne	[ɔ 'ɔpˌfinə]
invenção (f)	oppfinnelse (m)	['ɔpˌfinəlsə]
pesquisa (f)	forskning (m)	['fɔ:ʂkniŋ]
melhorar (vt)	å forbedre	[ɔ for'bɛdrə]
tecnologia (f)	teknologi (m)	[tɛknʊlʊ'gi]
desenho (m) técnico	teknisk tegning (m/f)	['tɛknisk ˌtæjniŋ]

carga (f)	last (m/f)	['last]
carregador (m)	lastearbeider (m)	['lastəˈarˌbæjdər]
carregar (o caminhão, etc.)	å laste	[ɔ 'lastə]
carregamento (m)	lasting (m/f)	['lastiŋ]
descarregar (vt)	å lesse av	[ɔ 'lese a:]
descarga (f)	avlessing (m/f)	['avˌlesiŋ]

transporte (m)	transport (m)	[trans'pɔ:t]
companhia (f) de transporte	transportfirma (n)	[trans'pɔ:t ˌfirma]
transportar (vt)	å transportere	[ɔ transpɔ:'tɛrə]

vagão (m) de carga	godsvogn (m/f)	['gʊtsˌvɔŋn]
tanque (m)	tank (m)	['taŋk]
caminhão (m)	lastebil (m)	['lastəˌbil]

máquina (f) operatriz	verktøymaskin (m)	['værktøj maˌʂin]
mecanismo (m)	mekanisme (m)	[meka'nismə]

resíduos (m pl) industriais	industrielt avfall (n)	[indʉstri'ɛlt 'avˌfal]
embalagem (f)	pakning (m/f)	['pakniŋ]
embalar (vt)	å pakke	[ɔ 'pakə]

73. Contrato. Acordo

contrato (m)	kontrakt (m)	[kʊn'trakt]
acordo (m)	avtale (m)	['avˌtalə]
adendo, anexo (m)	tillegg, bilag (n)	['tiˌleg], ['biˌlag]

assinar o contrato	å inngå kontrakt	[ɔ 'inˌgɔ kʊn'trakt]
assinatura (f)	underskrift (m/f)	['ʉnəˌʂkrift]
assinar (vt)	å underskrive	[ɔ 'ʉnəˌʂkrivə]
carimbo (m)	stempel (n)	['stɛmpəl]

objeto (m) do contrato	kontraktens gjenstand (m)	[kʊn'traktəns 'jɛnˌstan]
cláusula (f)	klausul (m)	[klaʊ'sʉl]
partes (f pl)	parter (m pl)	['pa:ʈər]
domicílio (m) legal	juridisk adresse (m/f)	[jʉ'ridisk a'drɛsə]

violar o contrato	å bryte kontrakten	[ɔ 'brytə kʊn'traktən]
obrigação (f)	forpliktelse (m)	[fɔr'pliktəlsə]
responsabilidade (f)	ansvar (n)	['anˌsvar]

força (f) maior — force majeure (m) — [ˌfɔrs maˈʒøːr]
litígio (m), disputa (f) — tvist (m) — [ˈtvist]
multas (f pl) — straffeavgifter (m pl) — [ˈstrafə avˈjiftər]

74. Importação & Exportação

importação (f) — import (m) — [imˈpɔːt]
importador (m) — importør (m) — [impɔːˈtør]
importar (vt) — å importere — [ɔ impɔːˈterə]
de importação — import- — [imˈpɔːt-]

exportação (f) — eksport (m) — [ɛksˈpɔːt]
exportador (m) — eksportør (m) — [ɛkspɔːˈtør]
exportar (vt) — å eksportere — [ɔ ɛkspɔːˈterə]
de exportação — eksport- — [ɛksˈpɔːt-]

mercadoria (f) — vare (m/f) — [ˈvarə]
lote (de mercadorias) — parti (n) — [paˈʈi]

peso (m) — vekt (m) — [ˈvɛkt]
volume (m) — volum (n) — [vɔˈlʉm]
metro (m) cúbico — kubikkmeter (m) — [kʉˈbikˌmetər]

produtor (m) — produsent (m) — [prʊdʉˈsɛnt]
companhia (f) de transporte — transportfirma (n) — [transˈpɔːʈ ˌfirma]
contêiner (m) — container (m) — [kɔnˈtɛjnər]

fronteira (f) — grense (m/f) — [ˈgrɛnsə]
alfândega (f) — toll (m) — [ˈtɔl]
taxa (f) alfandegária — tollavgift (m) — [ˈtɔl avˈjift]
funcionário (m) da alfândega — tollbetjent (m) — [ˈtɔlbeˌtjɛnt]
contrabando (atividade) — smugling (m/f) — [ˈsmʉgliŋ]
contrabando (produtos) — smuglergods (n) — [ˈsmʉgləˌgʊts]

75. Finanças

ação (f) — aksje (m) — [ˈakṣə]
obrigação (f) — obligasjon (m) — [ɔbligaˈṣʊn]
nota (f) promissória — veksel (m) — [ˈvɛksəl]

bolsa (f) de valores — børs (m) — [ˈbœṣ]
cotação (m) das ações — aksjekurs (m) — [ˈakṣəˌkʉṣ]

tornar-se mais barato — å gå ned — [ɔ ˈgɔ ne]
tornar-se mais caro — å gå opp — [ɔ ˈgɔ ɔp]

parte (f) — andel (m) — [ˈanˌdel]
participação (f) majoritária — aksjemajoritet (m) — [ˈakṣəˌmajoriˈtet]
investimento (m) — investering (m/f) — [inveˈsteriŋ]
investir (vt) — å investere — [ɔ inveˈsterə]
porcentagem (f) — prosent (m) — [prʊˈsɛnt]
juros (m pl) — rente (m/f) — [ˈrɛntə]

lucro (m)	profitt (m), fortjeneste (m/f)	[prɔ'fit], [fɔː'tjɛnɛstə]
lucrativo (adj)	profitabel	[prɔfi'tabəl]
imposto (m)	skatt (m)	['skat]

divisa (f)	valuta (m)	[va'lʉta]
nacional (adj)	nasjonal	[naʂʉ'nal]
câmbio (m)	veksling (m/f)	['vɛkʂliŋ]

contador (m)	regnskapsfører (m)	['rɛjnskaps̩førər]
contabilidade (f)	bokføring (m/f)	['bʉk'føriŋ]

falência (f)	fallitt (m)	[fa'lit]
falência, quebra (f)	krakk (n)	['krak]
ruína (f)	ruin (m)	[rʉ'in]
estar quebrado	å ruinere seg	[ɔ rʉi'nerə sæj]
inflação (f)	inflasjon (m)	[infla'ʂʉn]
desvalorização (f)	devaluering (m)	[devalʉ'eriŋ]

capital (m)	kapital (m)	[kapi'tal]
rendimento (m)	inntekt (m/f), innkomst (m)	['in̩tɛkt], ['in̩kɔmst]
volume (m) de negócios	omsetning (m/f)	['ɔm̩sɛtniŋ]
recursos (m pl)	ressurser (m pl)	[re'sʉʂər]
recursos (m pl) financeiros	pengemidler (m pl)	['pɛŋə̩midlər]
despesas (f pl) gerais	faste utgifter (m/f pl)	['fastə 'ʉt̩jiftər]
reduzir (vt)	å redusere	[ɔ redʉ'serə]

76. Marketing

marketing (m)	markedsføring (m/f)	['markəds̩føriŋ]
mercado (m)	marked (n)	['markəd]
segmento (m) do mercado	markedssegment (n)	['markəds seg'mɛnt]
produto (m)	produkt (n)	[prʉ'dʉkt]
mercadoria (f)	vare (m/f)	['varə]

marca (f)	merkenavn (n)	['mærkə̩navn]
marca (f) registrada	varemerke (n)	['varə̩mærkə]
logotipo (m)	firmamerke (n)	['firma̩mærkə]
logo (m)	logo (m)	['lugʉ]

demanda (f)	etterspørsel (m)	['ɛtə̩spœʂəl]
oferta (f)	tilbud (n)	['til̩bʉd]

necessidade (f)	behov (n)	[be'hʉv]
consumidor (m)	forbruker (m)	[fɔr'brʉkər]

análise (f)	analyse (m)	[ana'lysə]
analisar (vt)	å analysere	[ɔ analy'serə]

posicionamento (m)	posisjonering (m/f)	[pʉsiʂʉ'neriŋ]
posicionar (vt)	å posisjonere	[ɔ pʉsiʂʉ'nerə]

preço (m)	pris (m)	['pris]
política (f) de preços	prispolitikk (m)	['pris pʉli'tik]
formação (f) de preços	prisdannelse (m)	['pris̩danəlsə]

77. Publicidade

publicidade (f)	reklame (m)	[rɛ'klamə]
fazer publicidade	å reklamere	[ɔ rɛkla'merə]
orçamento (m)	budsjett (n)	[bʉd'ʂɛt]
anúncio (m)	annonse (m)	[a'nɔnsə]
publicidade (f) na TV	TV-reklame (m)	['tɛvɛ rɛ'klamə]
publicidade (f) na rádio	radioreklame (m)	['radiʉ rɛ'klamə]
publicidade (f) exterior	utendørsreklame (m)	['ʉtən͵dœʂ rɛ'klamə]
comunicação (f) de massa	massemedier (n pl)	['masə͵mediər]
periódico (m)	tidsskrift (n)	['tid͵skrift]
imagem (f)	image (m)	['imidʒ]
slogan (m)	slogan (n)	['slɔgan]
mote (m), lema (f)	motto (n)	['mɔtʉ]
campanha (f)	kampanje (m)	[kam'panjə]
campanha (f) publicitária	reklamekampanje (m)	[rɛ'klamə kam'panjə]
grupo (m) alvo	målgruppe (m/f)	['mo:l͵grʉpə]
cartão (m) de visita	visittkort (n)	[vi'sit͵kɔːt]
panfleto (m)	reklameblad (n)	[rɛ'klamə͵bla]
brochura (f)	brosjyre (m)	[brɔ'ʂyrə]
folheto (m)	folder (m)	['fɔlər]
boletim (~ informativo)	nyhetsbrev (n)	['nyhets͵brev]
letreiro (m)	skilt (n)	['ʂilt]
cartaz, pôster (m)	plakat, poster (m)	['pla͵kat], ['pɔstər]
painel (m) publicitário	reklameskilt (m/f)	[rɛ'klamə͵ʂilt]

78. Banca

banco (m)	bank (m)	['bank]
balcão (f)	avdeling (m)	['av͵deliŋ]
consultor (m) bancário	konsulent (m)	[kʉnsʉ'lent]
gerente (m)	forstander (m)	[fɔ'ʂtandər]
conta (f)	bankkonto (m)	['bank͵kɔntʉ]
número (m) da conta	kontonummer (n)	['kɔntʉ͵nʉmər]
conta (f) corrente	sjekkonto (m)	['ʂɛk͵kɔntʉ]
conta (f) poupança	sparekonto (m)	['sparə͵kɔntʉ]
abrir uma conta	å åpne en konto	[ɔ 'ɔpnə en 'kɔntʉ]
fechar uma conta	å lukke kontoen	[ɔ 'lʉkə 'kɔntʉən]
depositar na conta	å sette inn på kontoen	[ɔ 'sɛtə in pɔ 'kɔntʉən]
sacar (vt)	å ta ut fra kontoen	[ɔ 'ta ʉt fra 'kɔntʉən]
depósito (m)	innskudd (n)	['in͵skʉd]
fazer um depósito	å sette inn	[ɔ 'sɛtə in]
transferência (f) bancária	overføring (m/f)	['ɔvər͵føriŋ]

transferir (vt)	å overføre	[ɔ ˈɔvərˌførə]
soma (f)	sum (m)	[ˈsʉm]
Quanto?	Hvor mye?	[vʉr ˈmye]

| assinatura (f) | underskrift (m/f) | [ˈʉnəˌskrift] |
| assinar (vt) | å underskrive | [ɔ ˈʉnəˌskrivə] |

cartão (m) de crédito	kredittkort (n)	[krɛˈditˌkɔːt]
senha (f)	kode (m)	[ˈkʉdə]
número (m) do cartão de crédito	kreditkortnummer (n)	[krɛˈditˌkɔːʈ ˈnʉmər]
caixa (m) eletrônico	minibank (m)	[ˈminiˌbank]

cheque (m)	sjekk (m)	[ˈʂɛk]
passar um cheque	å skrive en sjekk	[ɔ ˈskrivə en ˈʂɛk]
talão (m) de cheques	sjekkbok (m/f)	[ˈʂɛkˌbʉk]

empréstimo (m)	lån (n)	[ˈlɔn]
pedir um empréstimo	å søke om lån	[ɔ ˌsøkə ɔm ˈlɔn]
obter empréstimo	å få lån	[ɔ ˈfʉ ˈlɔn]
dar um empréstimo	å gi lån	[ɔ ˈji ˈlɔn]
garantia (f)	garanti (m)	[garɑnˈti]

79. Telefone. Conversação telefônica

telefone (m)	telefon (m)	[teleˈfʉn]
celular (m)	mobiltelefon (m)	[mʉˈbil teleˈfʉn]
secretária (f) eletrônica	telefonsvarer (m)	[teleˈfʉnˌsvarər]

| fazer uma chamada | å ringe | [ɔ ˈriŋə] |
| chamada (f) | telefonsamtale (m) | [teleˈfʉn ˈsamˌtalə] |

discar um número	å slå et nummer	[ɔ ˈʂlo et ˈnʉmər]
Alô!	Hallo!	[haˈlʉ]
perguntar (vt)	å spørre	[ɔ ˈspørə]
responder (vt)	å svare	[ɔ ˈsvarə]

ouvir (vt)	å høre	[ɔ ˈhørə]
bem	godt	[ˈgɔt]
mal	dårlig	[ˈdɔːli]
ruído (m)	støy (m)	[ˈstøj]

fone (m)	telefonrør (n)	[teleˈfʉnˌrør]
pegar o telefone	å ta telefonen	[ɔ ˈta teleˈfʉnən]
desligar (vi)	å legge på røret	[ɔ ˈlegə po ˈrørə]

ocupado (adj)	opptatt	[ˈɔpˌtɑt]
tocar (vi)	å ringe	[ɔ ˈriŋə]
lista (f) telefônica	telefonkatalog (m)	[teleˈfʉn kataˈlɔg]
local (adj)	lokal-	[lɔˈkal-]
chamada (f) local	lokalsamtale (m)	[lɔˈkal ˈsamˌtalə]
de longa distância	riks-	[ˈriks-]
chamada (f) de longa distância	rikssamtale (m)	[ˈriks ˈsamˌtalə]

| internacional (adj) | internasjonal | ['intɛ:ŋaʂʊˌnɑl] |
| chamada (f) internacional | internasjonal samtale (m) | ['intɛ:ŋaʂʊˌnɑl 'samˌtɑlə] |

80. Telefone móvel

celular (m)	mobiltelefon (m)	[mʊ'bil tele'fʊn]
tela (f)	skjerm (m)	['ʂærm]
botão (m)	knapp (m)	['knɑp]
cartão SIM (m)	SIM-kort (n)	['simˌkɔ:t]

bateria (f)	batteri (n)	[batɛ'ri]
descarregar-se (vr)	å bli utladet	[ɔ 'bli 'ʉtˌlɑdət]
carregador (m)	lader (m)	['lɑdər]

| menu (m) | meny (m) | [me'ny] |
| configurações (f pl) | innstillinger (m/f pl) | ['inˌstiliŋər] |

| melodia (f) | melodi (m) | [melɔ'di] |
| escolher (vt) | å velge | [ɔ 'vɛlgə] |

calculadora (f)	regnemaskin (m)	['rɛjnə maˌsin]
correio (m) de voz	telefonsvarer (m)	[tele'fʊnˌsvɑrər]
despertador (m)	vekkerklokka (m/f)	['vɛkərˌklɔkɑ]
contatos (m pl)	kontakter (m pl)	[kʊn'tɑktər]

| mensagem (f) de texto | SMS-beskjed (m) | [ɛsɛm'ɛs bɛˌʂɛ] |
| assinante (m) | abonnent (m) | [abɔ'nɛnt] |

81. Estacionário

| caneta (f) | kulepenn (m) | ['kʉ:ləˌpɛn] |
| caneta (f) tinteiro | fyllepenn (m) | ['fʏləˌpɛn] |

lápis (m)	blyant (m)	['blyˌant]
marcador (m) de texto	merkepenn (m)	['mærkəˌpɛn]
caneta (f) hidrográfica	tusjpenn (m)	['tʉʂˌpɛn]

| bloco (m) de notas | notatbok (m/f) | [nʊ'tɑtˌbʊk] |
| agenda (f) | dagbok (m/f) | ['dɑgˌbʊk] |

régua (f)	linjal (m)	[li'njɑl]
calculadora (f)	regnemaskin (m)	['rɛjnə maˌsin]
borracha (f)	viskelær (n)	['viskəˌlær]

| alfinete (m) | tegnestift (m) | ['tæjnəˌstift] |
| clipe (m) | binders (m) | ['bindɛʂ] |

| cola (f) | lim (n) | ['lim] |
| grampeador (m) | stiftemaskin (m) | ['stiftə maˌsin] |

| furador (m) de papel | hullemaskin (m) | ['hʉlə maˌsin] |
| apontador (m) | blyantspisser (m) | ['blyantˌspisər] |

82. Tipos de negócios

serviços (m pl) de contabilidade	bokføringstjenester (m pl)	['bʊkˌføriŋs 'tjenɛstər]
publicidade (f)	reklame (m)	[rɛ'klamə]
agência (f) de publicidade	reklamebyrå (n)	[rɛ'klamə byˌro]
ar (m) condicionado	klimaanlegg (n pl)	['klima'anˌleg]
companhia (f) aérea	flyselskap (n)	['flysəlˌskap]
bebidas (f pl) alcoólicas	alkoholholdige drikke (m pl)	[alkʊ'hʊlˌhɔldiə 'drikə]
comércio (m) de antiguidades	antikviteter (m pl)	[antikvi'tetər]
galeria (f) de arte	kunstgalleri (n)	['kʊnst galeˈri]
serviços (m pl) de auditoria	revisjonstjenester (m pl)	[revi'ʂʊnsˌtjenɛstər]
negócios (m pl) bancários	bankvirksomhet (m/f)	['bankˌvirksɔmhet]
bar (m)	bar (m)	['bar]
salão (m) de beleza	skjønnhetssalong (m)	['ʂønhɛts sa'lɔŋ]
livraria (f)	bokhandel (m)	['bʊkˌhandəl]
cervejaria (f)	bryggeri (n)	[brʏge'ri]
centro (m) de escritórios	forretningssenter (n)	[fɔ'rɛtniŋsˌsɛntər]
escola (f) de negócios	handelsskole (m)	['handəlsˌskʊlə]
cassino (m)	kasino (n)	[ka'sinʊ]
construção (f)	byggeri (m/f)	[bʏgə'ri]
consultoria (f)	konsulenttjenester (m pl)	[kʊnsu'lent ˌtjenɛstər]
clínica (f) dentária	tannklinik (m)	['tankli'nik]
design (m)	design (m)	['desajn]
drogaria (f)	apotek (n)	[apʊ'tek]
lavanderia (f)	renseri (n)	[rɛnse'ri]
agência (f) de emprego	rekrutteringsbyrå (n)	['rekrʉˌteriŋs byˌro]
serviços (m pl) financeiros	finansielle tjenester (m pl)	[finan'sielə ˌtjenɛstər]
alimentos (m pl)	matvarer (m/f pl)	['matˌvarər]
funerária (f)	begravelsesbyrå (n)	[be'gravəlsəs byˌro]
mobiliário (m)	møbler (n pl)	['møblər]
roupa (f)	klær (n)	['klær]
hotel (m)	hotell (n)	[hʊ'tɛl]
sorvete (m)	iskrem (m)	['iskrɛm]
indústria (f)	industri (m)	[indʉ'stri]
seguro (~ de vida, etc.)	forsikring (m/f)	[fɔ'ʂikriŋ]
internet (f)	Internett	['intəˌŋɛt]
investimento (m)	investering (m/f)	[inve'steriŋ]
joalheiro (m)	juveler (m)	[jʉ'velər]
joias (f pl)	smykker (n pl)	['smʏkər]
lavanderia (f)	vaskeri (n)	[vaske'ri]
assessorias (f pl) jurídicas	juridisk rådgiver (m pl)	[jʉ'ridisk 'rɔdˌjivər]
indústria (f) ligeira	lettindustri (m)	['letˌindʉ'stri]
revista (f)	magasin, tidsskrift (n)	[maga'sin], ['tidˌskrift]
vendas (f pl) por catálogo	postordresalg (m)	['pɔstˌɔrdrə'salg]
medicina (f)	medisin (m)	[medi'sin]
cinema (m)	kino (m)	['çinʊ]

museu (m)	museum (n)	[mʉ'seum]
agência (f) de notícias	nyhetsbyrå (n)	['nyhets by,ro]
jornal (m)	avis (m/f)	[ɑ'vis]
boate (casa noturna)	nattklubb (m)	['nɑt,klʉb]

petróleo (m)	olje (m)	['ɔljə]
serviços (m pl) de remessa	budtjeneste (m)	[bʉd'tjenɛstə]
indústria (f) farmacêutica	legemidler (pl)	['legə'midlər]
tipografia (f)	trykkeri (n)	[trʏkə'ri]
editora (f)	forlag (n)	['fɔ:lɑg]

rádio (m)	radio (m)	['rɑdiʉ]
imobiliário (m)	fast eiendom (m)	[,fɑst 'æjən,dɔm]
restaurante (m)	restaurant (m)	[rɛstʉ'rɑŋ]

empresa (f) de segurança	sikkerhetsselskap (n)	['sikərhɛts 'sel,skɑp]
esporte (m)	sport, idrett (m)	['spɔ:t], ['idrɛt]
bolsa (f) de valores	børs (m)	['bœʂ]
loja (f)	forretning, butikk (m)	[fɔ'rɛtniŋ], [bʉ'tik]
supermercado (m)	supermarked (n)	['sʉpə,mɑrket]
piscina (f)	svømmebasseng (n)	['svœmə,bɑ'sɛŋ]

alfaiataria (f)	skredderi (n)	[skrɛde'ri]
televisão (f)	televisjon (m)	['televi,ʂʉn]
teatro (m)	teater (n)	[te'ɑtər]
comércio (m)	handel (m)	['hɑndəl]
serviços (m pl) de transporte	transport (m)	[trɑns'pɔ:t]
viagens (f pl)	turisme (m)	[tʉ'rismə]

veterinário (m)	dyrlege, veterinær (m)	['dyr,legə], [vetəri'nær]
armazém (m)	lager (n)	['lɑgər]
recolha (f) do lixo	avfallstømming (m/f)	['ɑvfɑls,tœmiŋ]

Emprego. Negócios. Parte 2

83. Espetáculo. Feira

feira, exposição (f)	messe (m/f)	['mɛsə]
feira (f) comercial	varemesse (m/f)	['varə,mɛsə]
participação (f)	deltagelse (m)	['del,tagəlsə]
participar (vi)	å delta	[ɔ 'dɛlta]
participante (m)	deltaker (m)	['del,takər]
diretor (m)	direktør (m)	[dirɛk'tør]
direção (f)	arrangørkontor (m)	[araŋ'şør kʉn'tʉr]
organizador (m)	arrangør (m)	[araŋ'şør]
organizar (vt)	å organisere	[ɔ ɔrgani'serə]
ficha (f) de inscrição	påmeldingsskjema (n)	['pɔmeliŋs,şɛma]
preencher (vt)	å utfylle	[ɔ 'ʉt,fʏlə]
detalhes (m pl)	detaljer (m pl)	[de'taljər]
informação (f)	informasjon (m)	[informa'şʉn]
preço (m)	pris (m)	['pris]
incluindo	inklusive	['inklʉ,sivə]
incluir (vt)	å inkludere	[ɔ inklʉ'derə]
pagar (vt)	å betale	[ɔ be'talə]
taxa (f) de inscrição	registreringsavgift (m/f)	[rɛgi'strɛriŋs av'jift]
entrada (f)	inngang (m)	['in,gaŋ]
pavilhão (m), salão (f)	paviljong (m)	[pavi'ljɔŋ]
inscrever (vt)	å registrere	[ɔ regi'strerə]
crachá (m)	badge (n)	['bædʒ]
stand (m)	messestand (m)	['mɛsə,stan]
reservar (vt)	å reservere	[ɔ resɛr'verə]
vitrine (f)	glassmonter (m)	['glas,mɔntər]
lâmpada (f)	lampe (m/f), spotlys (n)	['lampə], ['spɔt,lys]
design (m)	design (m)	['desajn]
pôr (posicionar)	å plassere	[ɔ pla'serə]
ser colocado, -a	å bli plasseret	[ɔ 'bli pla'serət]
distribuidor (m)	distributør (m)	[distribʉ'tør]
fornecedor (m)	leverandør (m)	[levəran'dør]
fornecer (vt)	å levere	[ɔ le'verə]
país (m)	land (n)	['lan]
estrangeiro (adj)	utenlandsk	['ʉtən,lansk]
produto (m)	produkt (n)	[prʉ'dʉkt]
associação (f)	forening (m/f)	[fɔ'reniŋ]
sala (f) de conferência	konferansesal (m)	[kʉnfə'ransə,sal]

| congresso (m) | kongress (m) | [kʊn'grɛs] |
| concurso (m) | tevling (m) | ['tɛvliŋ] |

visitante (m)	besøkende (m)	[be'søkenə]
visitar (vt)	å besøke	[ɔ be'søkə]
cliente (m)	kunde (m)	['kʊndə]

84. Ciência. Investigação. Cientistas

ciência (f)	vitenskap (m)	['vitən̩skap]
científico (adj)	vitenskapelig	['vitən̩skapəli]
cientista (m)	vitenskapsmann (m)	['vitən̩skaps man]
teoria (f)	teori (m)	[teʊ'ri]

axioma (m)	aksiom (n)	[aksi'ɔm]
análise (f)	analyse (m)	[ana'lysə]
analisar (vt)	å analysere	[ɔ analy'serə]
argumento (m)	argument (n)	[argʉ'mɛnt]
substância (f)	stoff (n), substans (m)	['stɔf], [sʊb'stans]

hipótese (f)	hypotese (m)	[hypʊ'tesə]
dilema (m)	dilemma (n)	[di'lema]
tese (f)	avhandling (m/f)	['av̩handliŋ]
dogma (m)	dogme (n)	['dɔgmə]

doutrina (f)	doktrine (m)	[dɔk'trinə]
pesquisa (f)	forskning (m)	['fɔːʂkniŋ]
pesquisar (vt)	å forske	[ɔ 'fɔːʂkə]
testes (m pl)	test (m), prøve (m/f)	['tɛst], ['prøve]
laboratório (m)	laboratorium (n)	[labʊra'tɔrium]

método (m)	metode (m)	[me'tɔdə]
molécula (f)	molekyl (n)	[mʊle'kyl]
monitoramento (m)	overvåking (m/f)	['ɔvər̩vɔkiŋ]
descoberta (f)	oppdagelse (m)	['ɔp̩dagəlsə]

postulado (m)	postulat (n)	[pɔstʉ'lat]
princípio (m)	prinsipp (n)	[prin'sip]
prognóstico (previsão)	prognose (m)	[prʊg'nʊsə]
prognosticar (vt)	å prognostisere	[ɔ prʊgnʊsti'serə]

síntese (f)	syntese (m)	[syn'tesə]
tendência (f)	tendens (m)	[tɛn'dɛns]
teorema (m)	teorem (n)	[teʊ'rɛm]

ensinamentos (m pl)	lære (m/f pl)	['lærə]
fato (m)	faktum (n)	['faktum]
expedição (f)	ekspedisjon (m)	[ɛkspedi'ʂʊn]
experiência (f)	eksperiment (n)	[ɛksperi'mɛnt]

acadêmico (m)	akademiker (m)	[aka'demikər]
bacharel (m)	bachelor (m)	['batʂɛlɔr]
doutor (m)	doktor (m)	['dɔktʊr]
professor (m) associado	dosent (m)	[dʊ'sɛnt]

| mestrado (m) | **magister** (m) | [mɑ'gistər] |
| professor (m) | **professor** (m) | [prʊ'fɛsʊr] |

Profissões e ocupações

85. Procura de emprego. Demissão

trabalho (m)	arbeid (n), jobb (m)	['ɑrbæj], ['job]
equipe (f)	ansatte (pl)	['ɑn‚sɑtə]
pessoal (m)	personale (n)	[pæʂʊ'nɑlə]
carreira (f)	karriere (m)	[kɑri'ɛrə]
perspectivas (f pl)	utsikter (m pl)	['ʉt‚siktər]
habilidades (f pl)	mesterskap (n)	['mɛstæ‚skɑp]
seleção (f)	utvelgelse (m)	['ʉt‚vɛlgəlsə]
agência (f) de emprego	rekrutteringsbyrå (n)	['rekrʉ‚teriŋs by‚ro]
currículo (m)	CV (m/n)	['sɛvɛ]
entrevista (f) de emprego	jobbintervju (n)	['job ‚intər'vjʉ]
vaga (f)	vakanse (m)	['vɑkɑnsə]
salário (m)	lønn (m/f)	['lœn]
salário (m) fixo	fastlønn (m/f)	['fɑst‚lœn]
pagamento (m)	betaling (m/f)	[be'tɑliŋ]
cargo (m)	stilling (m/f)	['stiliŋ]
dever (do empregado)	plikt (m/f)	['plikt]
gama (f) de deveres	arbeidsplikter (m/f pl)	['ɑrbæjds‚pliktər]
ocupado (adj)	opptatt	['ɔp‚tɑt]
despedir, demitir (vt)	å avskjedige	[ɔ 'ɑf‚ʂedigə]
demissão (f)	avskjedigelse (m)	['ɑfʂe‚digəlsə]
desemprego (m)	arbeidsløshet (m)	['ɑrbæjdsløs‚het]
desempregado (m)	arbeidsløs (m)	['ɑrbæjds‚løs]
aposentadoria (f)	pensjon (m)	[pɑn'ʂʊn]
aposentar-se (vr)	å gå av med pensjon	[ɔ 'gɔ ɑ: me pɑn'ʂʊn]

86. Gente de negócios

diretor (m)	direktør (m)	[dirɛk'tør]
gerente (m)	forstander (m)	[fɔ'ʂtɑndər]
patrão, chefe (m)	boss (m)	['bɔs]
superior (m)	overordnet (m)	['ɔvər‚ɔrdnet]
superiores (m pl)	overordnede (pl)	['ɔvər‚ɔrdnedə]
presidente (m)	president (m)	[prɛsi'dɛnt]
chairman (m)	styreformann (m)	['styrə‚forman]
substituto (m)	stedfortreder (m)	['stedfɔː‚ˌtredər]
assistente (m)	assistent (m)	[ɑsi'stɛnt]

secretário (m)	sekretær (m)	[sɛkrə'tær]
secretário (m) pessoal	privatsekretær (m)	[pri'vat sɛkrə'tær]
homem (m) de negócios	forretningsmann (m)	[fɔ'rɛtniŋs,man]
empreendedor (m)	entreprenør (m)	[ɛntreprə'nør]
fundador (m)	grunnlegger (m)	['grʉn,legər]
fundar (vt)	å grunnlegge, å stifte	[ɔ 'grʉn,legə], [ɔ 'stiftə]
principiador (m)	stifter (m)	['stiftər]
parceiro, sócio (m)	partner (m)	['pɑ:ʈnər]
acionista (m)	aksjonær (m)	[akʂʉ'nær]
milionário (m)	millionær (m)	[milju'nær]
bilionário (m)	milliardær (m)	[milja:'dær]
proprietário (m)	eier (m)	['æjər]
proprietário (m) de terras	jordeier (m)	['ju:r,æjər]
cliente (m)	kunde (m)	['kʉndə]
cliente (m) habitual	fast kunde (m)	[,fast 'kʉndə]
comprador (m)	kjøper (m)	['çœ:pər]
visitante (m)	besøkende (m)	[be'søkenə]
profissional (m)	yrkesmann (m)	['yrkəs,man]
perito (m)	ekspert (m)	[ɛks'pæːʈ]
especialista (m)	spesialist (m)	[spesia'list]
banqueiro (m)	bankier (m)	[banki'e]
corretor (m)	mekler, megler (m)	['mɛklər]
caixa (m, f)	kasserer (m)	[ka'serər]
contador (m)	regnskapsfører (m)	['rɛjnskaps,førər]
guarda (m)	sikkerhetsvakt (m/f)	['sikərhɛts,vakt]
investidor (m)	investor (m)	[in'vɛstʉr]
devedor (m)	skyldner (m)	['ʂylnər]
credor (m)	kreditor (m)	['krɛditʉr]
mutuário (m)	låntaker (m)	['lɔn,takər]
importador (m)	importør (m)	[impɔ:'ʈør]
exportador (m)	eksportør (m)	[ɛkspɔ:'ʈør]
produtor (m)	produsent (m)	[prʉdʉ'sɛnt]
distribuidor (m)	distributør (m)	[distribʉ'tør]
intermediário (m)	mellommann (m)	['mɛlɔ,man]
consultor (m)	konsulent (m)	[kʉnsʉ'lent]
representante comercial	representant (m)	[represɛn'tant]
agente (m)	agent (m)	[a'gɛnt]
agente (m) de seguros	forsikringsagent (m)	[fɔ'ʂikriŋs a'gɛnt]

87. Profissões de serviços

cozinheiro (m)	kokk (m)	['kʉk]
chefe (m) de cozinha	sjefkokk (m)	['ʂɛf,kʉk]

padeiro (m)	baker (m)	['bakər]
barman (m)	bartender (m)	['ba:ˌtɛndər]
garçom (m)	servitør (m)	['særvi'tør]
garçonete (f)	servitrise (m/f)	[særvi'trisə]

advogado (m)	advokat (m)	[advʊ'kat]
jurista (m)	jurist (m)	[jʉ'rist]
notário (m)	notar (m)	[nʊ'tar]

eletricista (m)	elektriker (m)	[ɛ'lektrikər]
encanador (m)	rørlegger (m)	['rørˌlegər]
carpinteiro (m)	tømmermann (m)	['tœmərˌman]

massagista (m)	massør (m)	[ma'sør]
massagista (f)	massøse (m)	[ma'søsə]
médico (m)	lege (m)	['legə]

taxista (m)	taxisjåfør (m)	['taksi ʂɔ'før]
condutor (automobilista)	sjåfør (m)	[ʂɔ'før]
entregador (m)	bud (n)	['bʉd]

camareira (f)	stuepike (m/f)	['stʉəˌpikə]
guarda (m)	sikkerhetsvakt (m/f)	['sikərhɛtsˌvakt]
aeromoça (f)	flyvertinne (m/f)	[flyvɛ:'ținə]

professor (m)	lærer (m)	['lærər]
bibliotecário (m)	bibliotekar (m)	[bibliʊ'tekar]
tradutor (m)	oversetter (m)	['ɔvəˌsɛtər]
intérprete (m)	tolk (m)	['tɔlk]
guia (m)	guide (m)	['gajd]

cabeleireiro (m)	frisør (m)	[fri'sør]
carteiro (m)	postbud (n)	['pɔstˌbʉd]
vendedor (m)	forselger (m)	[fɔ'ʂɛlər]

jardineiro (m)	gartner (m)	['ga:ʈnər]
criado (m)	tjener (m)	['tjenər]
criada (f)	tjenestepike (m/f)	['tjenɛstəˌpikə]
empregada (f) de limpeza	vaskedame (m/f)	['vaskəˌdamə]

88. Profissões militares e postos

soldado (m) raso	menig (m)	['meni]
sargento (m)	sersjant (m)	[sær'ʂant]
tenente (m)	løytnant (m)	['løjtˌnant]
capitão (m)	kaptein (m)	[kap'tæjn]

major (m)	major (m)	[ma'jɔr]
coronel (m)	oberst (m)	['ʊbɛʂt]
general (m)	general (m)	[gene'ral]
marechal (m)	marskalk (m)	['marʂal]
almirante (m)	admiral (m)	[admi'ral]
militar (m)	militær (m)	[mili'tær]
soldado (m)	soldat (m)	[sʊl'dat]

oficial (m)	offiser (m)	[ɔfi'sɛr]
comandante (m)	befalshaver (m)	[be'fals‚havər]
guarda (m) de fronteira	grensevakt (m/f)	['grɛnsə‚vɑkt]
operador (m) de rádio	radiooperatør (m)	['rɑdiʊ ʊpəra'tør]
explorador (m)	oppklaringssoldat (m)	['ɔp‚klariŋ sʊl'dɑt]
sapador-mineiro (m)	pioner (m)	[piʊ'ner]
atirador (m)	skytter (m)	['ʂytər]
navegador (m)	styrmann (m)	['styr‚mɑn]

89. Oficiais. Padres

rei (m)	konge (m)	['kʊŋə]
rainha (f)	dronning (m/f)	['drɔniŋ]
príncipe (m)	prins (m)	['prins]
princesa (f)	prinsesse (m/f)	[prin'sɛsə]
czar (m)	tsar (m)	['tsɑr]
czarina (f)	tsarina (m)	[tsɑ'rinɑ]
presidente (m)	president (m)	[prɛsi'dɛnt]
ministro (m)	minister (m)	[mi'nistər]
primeiro-ministro (m)	statsminister (m)	['stɑts mi'nistər]
senador (m)	senator (m)	[se'nɑtʊr]
diplomata (m)	diplomat (m)	[diplʊ'mɑt]
cônsul (m)	konsul (m)	['kʊn‚sʉl]
embaixador (m)	ambassadør (m)	[ɑmbɑsɑ'dør]
conselheiro (m)	rådgiver (m)	['rɔd‚jivər]
funcionário (m)	embetsmann (m)	['ɛmbets‚mɑn]
prefeito (m)	prefekt (m)	[prɛ'fɛkt]
Presidente (m) da Câmara	borgermester (m)	[bɔrgər'mɛstər]
juiz (m)	dommer (m)	['dɔmər]
procurador (m)	anklager (m)	['ɑn‚klɑgər]
missionário (m)	misjonær (m)	[miʂʊ'nær]
monge (m)	munk (m)	['mʉnk]
abade (m)	abbed (m)	['ɑbed]
rabino (m)	rabbiner (m)	[rɑ'binər]
vizir (m)	vesir (m)	[vɛ'sir]
xá (m)	sjah (m)	['ʂɑ]
xeique (m)	sjeik (m)	['ʂæjk]

90. Profissões agrícolas

abelheiro (m)	birøkter (m)	['bi‚røktər]
pastor (m)	gjeter, hyrde (m)	['jetər], ['hʏrdə]
agrônomo (m)	agronom (m)	[agrʊ'nʊm]

criador (m) de gado	**husdyrholder** (m)	['husdyr,holdər]
veterinário (m)	**dyrlege, veterinær** (m)	['dyr,legə], [vetəri'nær]

agricultor, fazendeiro (m)	**gårdbruker, bonde** (m)	['gɔːr,brukər], ['bɔnə]
vinicultor (m)	**vinmaker** (m)	['vin,makər]
zoólogo (m)	**zoolog** (m)	[suː'lɔg]
vaqueiro (m)	**cowboy** (m)	['kaw,bɔj]

91. Profissões artísticas

ator (m)	**skuespiller** (m)	['skuə,spilər]
atriz (f)	**skuespillerinne** (m/f)	['skuə,spilə'rinə]

cantor (m)	**sanger** (m)	['saŋər]
cantora (f)	**sangerinne** (m/f)	[saŋə'rinə]

bailarino (m)	**danser** (m)	['dansər]
bailarina (f)	**danserinne** (m/f)	[danse'rinə]

artista (m)	**skuespiller** (m)	['skuə,spilər]
artista (f)	**skuespillerinne** (m/f)	['skuə,spilə'rinə]

músico (m)	**musiker** (m)	['musikər]
pianista (m)	**pianist** (m)	[pia'nist]
guitarrista (m)	**gitarspiller** (m)	[gi'tar,spilər]

maestro (m)	**dirigent** (m)	[diri'gɛnt]
compositor (m)	**komponist** (m)	[kumpu'nist]
empresário (m)	**impresario** (m)	[impre'sariu]

diretor (m) de cinema	**regissør** (m)	[rɛşi'sør]
produtor (m)	**produsent** (m)	[prudu'sɛnt]
roteirista (m)	**manusforfatter** (m)	['manus for'fatər]
crítico (m)	**kritiker** (m)	['kritikər]

escritor (m)	**forfatter** (m)	[for'fatər]
poeta (m)	**poet, dikter** (m)	['pɔɛt], ['diktər]
escultor (m)	**skulptør** (m)	[skulp'tør]
pintor (m)	**kunstner** (m)	['kunstnər]

malabarista (m)	**sjonglør** (m)	[şɔŋ'lør]
palhaço (m)	**klovn** (m)	['klɔvn]
acrobata (m)	**akrobat** (m)	[akru'bat]
ilusionista (m)	**tryllekunstner** (m)	['trʏlə,kunstnər]

92. Várias profissões

médico (m)	**lege** (m)	['legə]
enfermeira (f)	**sykepleierske** (m/f)	['sykə,plæjeşkə]
psiquiatra (m)	**psykiater** (m)	[syki'atər]
dentista (m)	**tannlege** (m)	['tan,legə]
cirurgião (m)	**kirurg** (m)	[çi'rurg]

astronauta (m)	astronaut (m)	[astrʉ'nɑʉt]
astrônomo (m)	astronom (m)	[astrʉ'nʉm]
motorista (m)	fører (m)	['førər]
maquinista (m)	lokfører (m)	['lʉk,førər]
mecânico (m)	mekaniker (m)	[me'kanikər]
mineiro (m)	gruvearbeider (m)	['grʉvə'ar,bæjdər]
operário (m)	arbeider (m)	['ar,bæjdər]
serralheiro (m)	låsesmed (m)	['lo:sə,sme]
marceneiro (m)	snekker (m)	['snɛkər]
torneiro (m)	dreier (m)	['dræjər]
construtor (m)	bygningsarbeider (m)	['bygniŋs 'ar,bæjər]
soldador (m)	sveiser (m)	['svæjsər]
professor (m)	professor (m)	[prʉ'fɛsʉr]
arquiteto (m)	arkitekt (m)	[arki'tɛkt]
historiador (m)	historiker (m)	[hi'stʉrikər]
cientista (m)	vitenskapsmann (m)	['vitən,skaps man]
físico (m)	fysiker (m)	['fysikər]
químico (m)	kjemiker (m)	['çemikər]
arqueólogo (m)	arkeolog (m)	[,arkeʉ'lɔg]
geólogo (m)	geolog (m)	[geʉ'lɔg]
pesquisador (cientista)	forsker (m)	['fɔşkər]
babysitter, babá (f)	babysitter (m)	['bɛby,sitər]
professor (m)	lærer, pedagog (m)	[lærər], [peda'gɔg]
redator (m)	redaktør (m)	[rɛdak'tør]
redator-chefe (m)	sjefredaktør (m)	['şɛf rɛdak'tør]
correspondente (m)	korrespondent (m)	[kʉrespon'dɛnt]
datilógrafa (f)	maskinskriverske (m)	[ma'şin ,skrivɛşkə]
designer (m)	designer (m)	[de'sajnər]
especialista (m) em informática	dataekspert (m)	['data ɛks'pɛ:t]
programador (m)	programmerer (m)	[prʉgra'merər]
engenheiro (m)	ingeniør (m)	[inşə'njør]
marujo (m)	sjømann (m)	['şø,man]
marinheiro (m)	matros (m)	[ma'trʉs]
socorrista (m)	redningsmann (m)	['rɛdniŋs,man]
bombeiro (m)	brannmann (m)	['bran,man]
polícia (m)	politi (m)	[pʉli'ti]
guarda-noturno (m)	nattvakt (m)	['nat,vakt]
detetive (m)	detektiv (m)	[detɛk'tiv]
funcionário (m) da alfândega	tollbetjent (m)	['tɔlbe,tjɛnt]
guarda-costas (m)	livvakt (m/f)	['liv,vakt]
guarda (m) prisional	fangevokter (m)	['faŋe,vɔktər]
inspetor (m)	inspektør (m)	[inspɛk'tør]
esportista (m)	idrettsmann (m)	['idrɛts,man]
treinador (m)	trener (m)	['trenər]

açougueiro (m)	slakter (m)	['slɑktər]
sapateiro (m)	skomaker (m)	['skʊˌmɑkər]
comerciante (m)	handelsmann (m)	['hɑndəlsˌmɑn]
carregador (m)	lastearbeider (m)	['lɑstəˈɑrˌbæjdər]

estilista (m)	moteskaper (m)	['mʊtəˌskɑpər]
modelo (f)	modell (m)	[mʊˈdɛl]

93. Ocupações. Estatuto social

estudante (~ de escola)	skolegutt (m)	['skʊləˌgʉt]
estudante (~ universitária)	student (m)	[stʉ'dɛnt]

filósofo (m)	filosof (m)	[filu'sʊf]
economista (m)	økonom (m)	[økʉ'nʊm]
inventor (m)	oppfinner (m)	['ɔpˌfinər]

desempregado (m)	arbeidsløs (m)	['ɑrbæjdsˌløs]
aposentado (m)	pensjonist (m)	[pɑnʂʉ'nist]
espião (m)	spion (m)	[spi'un]

preso, prisioneiro (m)	fange (m)	['fɑŋə]
grevista (m)	streiker (m)	['stræjkər]
burocrata (m)	byråkrat (m)	[byrɔ'krɑt]
viajante (m)	reisende (m)	['ræjsenə]

homossexual (m)	homofil (m)	['hʊmʊˌfil]
hacker (m)	hacker (m)	['hɑkər]
hippie (m, f)	hippie (m)	['hipi]

bandido (m)	banditt (m)	[bɑn'dit]
assassino (m)	leiemorder (m)	['læjəˌmʊrdər]
drogado (m)	narkoman (m)	[nɑrkʉ'mɑn]
traficante (m)	narkolanger (m)	['nɑrkɔˌlɑŋər]
prostituta (f)	prostituert (m)	[prʊstitu'e:ţ]
cafetão (m)	hallik (m)	['hɑlik]

bruxo (m)	trollmann (m)	['trɔlˌmɑn]
bruxa (f)	trollkjerring (m/f)	['trɔlˌçæriŋ]
pirata (m)	pirat, sjørøver (m)	['pi'rɑt], ['ʂøˌrøvər]
escravo (m)	slave (m)	['slɑvə]
samurai (m)	samurai (m)	[sɑmʉ'rɑj]
selvagem (m)	villmann (m)	['vilˌmɑn]

Educação

94. Escola

escola (f)	skole (m/f)	['skʊlə]
diretor (m) de escola	rektor (m)	['rektʊr]
aluno (m)	elev (m)	[e'lev]
aluna (f)	elev (m)	[e'lev]
estudante (m)	skolegutt (m)	['skʊlə‚gʊt]
estudante (f)	skolepike (m)	['skʊlə‚pikə]
ensinar (vt)	å undervise	[ɔ 'ʉnər‚visə]
aprender (vt)	å lære	[ɔ 'lærə]
decorar (vt)	å lære utenat	[ɔ 'lærə 'ʉtənat]
estudar (vi)	å lære	[ɔ 'lærə]
estar na escola	å gå på skolen	[ɔ 'gɔ pɔ 'skʊlən]
ir à escola	å gå på skolen	[ɔ 'gɔ pɔ 'skʊlən]
alfabeto (m)	alfabet (n)	[alfa'bet]
disciplina (f)	fag (n)	['fag]
sala (f) de aula	klasserom (m/f)	['klasə‚rʊm]
lição, aula (f)	time (m)	['timə]
recreio (m)	frikvarter (n)	['frikvɑːˌʈər]
toque (m)	skoleklokke (m/f)	['skʊlə‚klɔkə]
classe (f)	skolepult (m)	['skʊlə‚pʊlt]
quadro (m) negro	tavle (m/f)	['tɑvlə]
nota (f)	karakter (m)	[karak'ter]
boa nota (f)	god karakter (m)	['gʊ karak'ter]
nota (f) baixa	dårlig karakter (m)	['doːli karak'ter]
dar uma nota	å gi en karakter	[ɔ 'ji en karak'ter]
erro (m)	feil (m)	['fæjl]
errar (vi)	å gjøre feil	[ɔ 'jørə ‚fæjl]
corrigir (~ um erro)	å rette	[ɔ 'rɛtə]
cola (f)	fuskelapp (m)	['fʊskə‚lap]
dever (m) de casa	lekser (m/f pl)	['leksər]
exercício (m)	øvelse (m)	['øvəlsə]
estar presente	å være til stede	[ɔ 'værə til 'stedə]
estar ausente	å være fraværende	[ɔ 'værə 'fra‚værənə]
faltar às aulas	å skulke skolen	[ɔ 'skʊlkə 'skʊlən]
punir (vt)	å straffe	[ɔ 'strafə]
punição (f)	straff, avstraffelse (m)	['straf], ['af‚strafəlsə]
comportamento (m)	oppførsel (m)	['ɔp‚fœʂəl]

boletim (m) escolar	karakterbok (m/f)	[karak'ter,bʊk]
lápis (m)	blyant (m)	['bly,ant]
borracha (f)	viskelær (n)	['viskə,lær]
giz (m)	kritt (n)	['krit]
porta-lápis (m)	pennal (n)	[pɛ'nal]

mala, pasta, mochila (f)	skoleveske (m/f)	['skʊlə,vɛskə]
caneta (f)	penn (m)	['pɛn]
caderno (m)	skrivebok (m/f)	['skrivə,bʊk]
livro (m) didático	lærebok (m/f)	['lærə,bʊk]
compasso (m)	passer (m)	['pasər]

traçar (vt)	å tegne	[ɔ 'tæjnə]
desenho (m) técnico	teknisk tegning (m/f)	['tɛknisk ,tæjniŋ]

poesia (f)	dikt (n)	['dikt]
de cor	utenat	['ʉtən,at]
decorar (vt)	å lære utenat	[ɔ 'lærə 'ʉtənat]

férias (f pl)	skoleferie (m)	['skʊlə,fɛriə]
estar de férias	å være på ferie	[ɔ 'værə pɔ 'fɛriə]
passar as férias	å tilbringe ferien	[ɔ 'til,briŋə 'fɛriən]

teste (m), prova (f)	prøve (m/f)	['prøvə]
redação (f)	essay (n)	[ɛ'sɛj]
ditado (m)	diktat (m)	[dik'tat]
exame (m), prova (f)	eksamen (m)	[ɛk'samən]
fazer prova	å ta eksamen	[ɔ 'ta ɛk'samən]
experiência (~ química)	forsøk (n)	['fɔ'søk]

95. Colégio. Universidade

academia (f)	akademi (n)	[akade'mi]
universidade (f)	universitet (n)	[ʉnivæşi'tet]
faculdade (f)	fakultet (n)	[fakʉl'tet]

estudante (m)	student (m)	[stʉ'dɛnt]
estudante (f)	kvinnelig student (m)	['kvinəli stʉ'dɛnt]
professor (m)	lærer, foreleser (m)	['lærər], ['fʊrə,lesər]

auditório (m)	auditorium (n)	[,aʊdi'tʊrium]
graduado (m)	alumn (m)	[a'lʉmn]

diploma (m)	diplom (n)	[di'plʊm]
tese (f)	avhandling (m/f)	['av,handliŋ]

estudo (obra)	studie (m)	['stʉdiə]
laboratório (m)	laboratorium (n)	[labʉra'tɔrium]

palestra (f)	forelesning (m)	['fɔrə,lesniŋ]
colega (m) de curso	studiekamerat (m)	['stʉdiə kame,rat]

bolsa (f) de estudos	stipendium (n)	[sti'pɛndium]
grau (m) acadêmico	akademisk grad (m)	[aka'demisk ,grad]

96. Ciências. Disciplinas

matemática (f)	matematikk (m)	[matəma'tik]
álgebra (f)	algebra (m)	['algə,bra]
geometria (f)	geometri (m)	[geʊme'tri]
astronomia (f)	astronomi (m)	[astrʊnʊ'mi]
biologia (f)	biologi (m)	[biʊlʊ'gi]
geografia (f)	geografi (m)	[geʊgra'fi]
geologia (f)	geologi (m)	[geʊlʊ'gi]
história (f)	historie (m/f)	[hi'stʊriə]
medicina (f)	medisin (m)	[medi'sin]
pedagogia (f)	pedagogikk (m)	[pedagʊ'gik]
direito (m)	rett (m)	['rɛt]
física (f)	fysikk (m)	[fy'sik]
química (f)	kjemi (m)	[çe'mi]
filosofia (f)	filosofi (m)	[filʊsʊ'fi]
psicologia (f)	psykologi (m)	[sikʊlʊ'gi]

97. Sistema de escrita. Ortografia

gramática (f)	grammatikk (m)	[grama'tik]
vocabulário (m)	ordforråd (n)	['uːrfʊ,rɔd]
fonética (f)	fonetikk (m)	[fʊne'tik]
substantivo (m)	substantiv (n)	['sʉbstan,tiv]
adjetivo (m)	adjektiv (n)	['adjɛk,tiv]
verbo (m)	verb (n)	['værb]
advérbio (m)	adverb (n)	[ad'væːb]
pronome (m)	pronomen (n)	[prʊ'nʊmən]
interjeição (f)	interjeksjon (m)	[interjɛk'ʂʊn]
preposição (f)	preposisjon (m)	[prɛpʊsi'ʂʊn]
raiz (f)	rot (m/f)	['rʊt]
terminação (f)	endelse (m)	['ɛnəlsə]
prefixo (m)	prefiks (n)	[prɛ'fiks]
sílaba (f)	stavelse (m)	['stavəlsə]
sufixo (m)	suffiks (n)	[sʉ'fiks]
acento (m)	betoning (m), trykk (n)	['be'tɔniŋ], ['trʏk]
apóstrofo (f)	apostrof (m)	[apʊ'strɔf]
ponto (m)	punktum (n)	['pʉnktum]
vírgula (f)	komma (n)	['kɔma]
ponto e vírgula (m)	semikolon (n)	[,semikʊ'lɔn]
dois pontos (m pl)	kolon (n)	['kʉlɔn]
reticências (f pl)	tre prikker (m pl)	['tre 'prikər]
ponto (m) de interrogação	spørsmålstegn (n)	['spœʂmols,tæjn]
ponto (m) de exclamação	utropstegn (n)	['ʉtrʊps,tæjn]

aspas (f pl)	anførselstegn (n pl)	[ɑnˈfœʂɛlsˌtejn]
entre aspas	i anførselstegn	[i ɑnˈfœʂɛlsˌtejn]
parênteses (m pl)	parentes (m)	[pɑrɛnˈtes]
entre parênteses	i parentes	[i pɑrɛnˈtes]

hífen (m)	bindestrek (m)	[ˈbinəˌstrek]
travessão (m)	tankestrek (m)	[ˈtɑnkəˌstrek]
espaço (m)	mellomrom (n)	[ˈmɛlɔmˌrʊm]

letra (f)	bokstav (m)	[ˈbʊkstɑv]
letra (f) maiúscula	stor bokstav (m)	[ˈstʊr ˈbʊkstɑv]

vogal (f)	vokal (m)	[vʊˈkɑl]
consoante (f)	konsonant (m)	[kʊnsʊˈnɑnt]

frase (f)	setning (m)	[ˈsɛtniŋ]
sujeito (m)	subjekt (n)	[sʉbˈjɛkt]
predicado (m)	predikat (n)	[prɛdiˈkɑt]

linha (f)	linje (m)	[ˈlinjə]
em uma nova linha	på ny linje	[pɔ ny ˈlinjə]
parágrafo (m)	avsnitt (n)	[ˈɑfˌsnit]

palavra (f)	ord (n)	[ˈuːr]
grupo (m) de palavras	ordgruppe (m/f)	[ˈuːrˌgrʉpə]
expressão (f)	uttrykk (n)	[ˈʉtˌtrʏk]
sinônimo (m)	synonym (n)	[synʊˈnym]
antônimo (m)	antonym (n)	[ɑntʉˈnym]

regra (f)	regel (m)	[ˈrɛgəl]
exceção (f)	unntak (n)	[ˈʉnˌtɑk]
correto (adj)	riktig	[ˈrikti]

conjugação (f)	bøyning (m/f)	[ˈbøjniŋ]
declinação (f)	bøyning (m/f)	[ˈbøjniŋ]
caso (m)	kasus (m)	[ˈkasʉs]
pergunta (f)	spørsmål (n)	[ˈspœʂˌmol]
sublinhar (vt)	å understreke	[ɔ ˈʉnəˌstrekə]
linha (f) pontilhada	prikket linje (m)	[ˈprikət ˈlinjə]

98. Línguas estrangeiras

língua (f)	språk (n)	[ˈsprɔk]
estrangeiro (adj)	fremmed-	[ˈfremə-]
língua (f) estrangeira	fremmedspråk (n)	[ˈfremedˌsprɔk]
estudar (vt)	å studere	[ɔ stʉˈderə]
aprender (vt)	å lære	[ɔ ˈlærə]

ler (vt)	å lese	[ɔ ˈlesə]
falar (vi)	å tale	[ɔ ˈtɑlə]
entender (vt)	å forstå	[ɔ fɔˈʂtɔ]
escrever (vt)	å skrive	[ɔ ˈskrivə]
rapidamente	fort	[ˈfuːt]
devagar, lentamente	langsomt	[ˈlɑŋsɔmt]

fluentemente	**flytende**	['flytnə]
regras (f pl)	**regler** (m pl)	['rɛglər]
gramática (f)	**grammatikk** (m)	[grɑmɑ'tik]
vocabulário (m)	**ordforråd** (n)	['uːrfʊˌrɔd]
fonética (f)	**fonetikk** (m)	[fʊne'tik]

livro (m) didático	**lærebok** (m/f)	['lærəˌbʊk]
dicionário (m)	**ordbok** (m/f)	['uːrˌbʊk]
manual (m) autodidático	**lærebok** (m/f) **for selvstudium**	['lærəˌbʊk fɔ 'selˌstʉdium]
guia (m) de conversação	**parlør** (m)	[pɑː'ʟør]

fita (f) cassete	**kassett** (m)	[kɑ'sɛt]
videoteipe (m)	**videokassett** (m)	['videʊ kɑ'sɛt]
CD (m)	**CD-rom** (m)	['sɛdɛˌrʊm]
DVD (m)	**DVD** (m)	[deve'de]

alfabeto (m)	**alfabet** (n)	[ɑlfɑ'bet]
soletrar (vt)	**å stave**	[ɔ 'stɑvə]
pronúncia (f)	**uttale** (m)	['ʉtˌtɑlə]

sotaque (m)	**aksent** (m)	[ɑk'sɑŋ]
com sotaque	**med aksent**	[me ɑk'sɑŋ]
sem sotaque	**uten aksent**	['ʉtən ɑk'sɑŋ]

palavra (f)	**ord** (n)	['uːr]
sentido (m)	**betydning** (m)	[be'tʏdniŋ]

curso (m)	**kurs** (n)	['kʉʂ]
inscrever-se (vr)	**å anmelde seg**	[ɔ 'ɑnˌmɛlə sæj]
professor (m)	**lærer** (m)	['lærər]

tradução (processo)	**oversettelse** (m)	['ɔvəˌʂɛtəlsə]
tradução (texto)	**oversettelse** (m)	['ɔvəˌʂɛtəlsə]
tradutor (m)	**oversetter** (m)	['ɔvəˌʂɛtər]
intérprete (m)	**tolk** (m)	['tɔlk]

poliglota (m)	**polyglott** (m)	[pʊlʏ'glɔt]
memória (f)	**minne** (n), **hukommelse** (m)	['minə], [hʉ'kɔməlsə]

Descanso. Entretenimento. Viagens

99. Viagens

turismo (m)	**turisme** (m)	[tʉ'rismə]
turista (m)	**turist** (m)	[tʉ'rist]
viagem (f)	**reise** (m/f)	['ræjsə]
aventura (f)	**eventyr** (n)	['ɛvən,tyr]
percurso (curta viagem)	**tripp** (m)	['trip]
férias (f pl)	**ferie** (m)	['fɛriə]
estar de férias	**å være på ferie**	[ɔ 'værə pɔ 'fɛriə]
descanso (m)	**hvile** (m/f)	['vilə]
trem (m)	**tog** (n)	['tɔg]
de trem (chegar ~)	**med tog**	[me 'tɔg]
avião (m)	**fly** (n)	['fly]
de avião	**med fly**	[me 'fly]
de carro	**med bil**	[me 'bil]
de navio	**med skip**	[me 'ʂip]
bagagem (f)	**bagasje** (m)	[ba'gaʂə]
mala (f)	**koffert** (m)	['kʉfɛ:t]
carrinho (m)	**bagasjetralle** (m/f)	[ba'gaʂə,tralə]
passaporte (m)	**pass** (n)	['pas]
visto (m)	**visum** (n)	['visʉm]
passagem (f)	**billett** (m)	[bi'let]
passagem (f) aérea	**flybillett** (m)	['fly bi'let]
guia (m) de viagem	**reisehåndbok** (m/f)	['ræjsə,hɔnbʉk]
mapa (m)	**kart** (n)	['kɑ:t]
área (f)	**område** (n)	['ɔm,ro:də]
lugar (m)	**sted** (n)	['sted]
exótico (adj)	**eksotisk**	[ɛk'sʉtisk]
surpreendente (adj)	**forunderlig**	[fo'rʉnde:[i]
grupo (m)	**gruppe** (m)	['grʉpə]
excursão (f)	**utflukt** (m/f)	['ʉt,flʉkt]
guia (m)	**guide** (m)	['gajd]

100. Hotel

hotel (m)	**hotell** (n)	[hʉ'tɛl]
motel (m)	**motell** (n)	[mʉ'tɛl]
três estrelas	**trestjernet**	['tre,stjæ:ŋə]
cinco estrelas	**femstjernet**	['fɛm,stjæ:ŋə]

ficar (vi, vt)	å bo	[ɔ 'bʉ]
quarto (m)	rom (n)	['rʊm]
quarto (m) individual	enkeltrom (n)	['ɛnkelt‚rʊm]
quarto (m) duplo	dobbeltrom (n)	['dɔbəlt‚rʊm]
reservar um quarto	å reservere rom	[ɔ resɛr'verə 'rʊm]
meia pensão (f)	halvpensjon (m)	['hɑl pɑn‚ʂʊn]
pensão (f) completa	fullpensjon (m)	['fʉl pɑn‚ʂʊn]
com banheira	med badekar	[me 'bɑdə‚kɑr]
com chuveiro	med dusj	[me 'dʉʂ]
televisão (m) por satélite	satellitt-TV (m)	[sɑtɛ'lit 'tɛvɛ]
ar (m) condicionado	klimaanlegg (n)	['klimɑ'ɑn‚leg]
toalha (f)	håndkle (n)	['hɔn‚kle]
chave (f)	nøkkel (m)	['nøkəl]
administrador (m)	administrator (m)	[admini'strɑ:tʊr]
camareira (f)	stuepike (m/f)	['stʉə‚pikə]
bagageiro (m)	pikkolo (m)	['pikɔlɔ]
porteiro (m)	portier (m)	[pɔ:'tje]
restaurante (m)	restaurant (m)	[rɛstʊ'rɑŋ]
bar (m)	bar (m)	['bɑr]
café (m) da manhã	frokost (m)	['frʊkɔst]
jantar (m)	middag (m)	['mi‚dɑ]
bufê (m)	buffet (m)	[bʉ'fɛ]
saguão (m)	hall, lobby (m)	['hɑl], ['lɔbi]
elevador (m)	heis (m)	['hæjs]
NÃO PERTURBE	VENNLIGST IKKE FORSTYRR!	['vɛnligt ike fɔ'ʂtyr]
PROIBIDO FUMAR!	RØYKING FORBUDT	['røjkiŋ fɔr'bʉt]

EQUIPAMENTO TÉCNICO. TRANSPORTES

Equipamento técnico. Transportes

101. Computador

computador (m)	datamaskin (m)	['data ma‚şin]
computador (m) portátil	bærbar, laptop (m)	['bær‚bar], ['laptɔp]
ligar (vt)	å slå på	[ɔ 'şlɔ pɔ]
desligar (vt)	å slå av	[ɔ 'şlɔ ɑ:]
teclado (m)	tastatur (n)	[tɑstɑ'tʉr]
tecla (f)	tast (m)	['tɑst]
mouse (m)	mus (m/f)	['mʉs]
tapete (m) para mouse	musematte (m/f)	['mʉsə‚mɑtə]
botão (m)	knapp (m)	['knɑp]
cursor (m)	markør (m)	[mɑr'kør]
monitor (m)	monitor (m)	['mɔnitɔr]
tela (f)	skjerm (m)	['şærm]
disco (m) rígido	harddisk (m)	['hɑr‚disk]
capacidade (f) do disco rígido	harddiskkapasitet (m)	['hɑr‚disk kɑpɑsi'tet]
memória (f)	minne (n)	['minə]
memória RAM (f)	hovedminne (n)	['hɔvəd‚minə]
arquivo (m)	fil (m)	['fil]
pasta (f)	mappe (m/f)	['mɑpə]
abrir (vt)	å åpne	[ɔ 'ɔpnə]
fechar (vt)	å lukke	[ɔ 'lʉkə]
salvar (vt)	å lagre	[ɔ 'lɑgrə]
deletar (vt)	å slette, å fjerne	[ɔ 'şletə], [ɔ 'fjæ:ɳə]
copiar (vt)	å kopiere	[ɔ kʉ'pjerə]
ordenar (vt)	å sortere	[ɔ sɔ:'ʈerə]
copiar (vt)	å overføre	[ɔ 'ɔvər‚førə]
programa (m)	program (n)	[prʉ'grɑm]
software (m)	programvare (m/f)	[prʉ'grɑm‚vɑrə]
programador (m)	programmerer (m)	[prʉgrɑ'merər]
programar (vt)	å programmere	[ɔ prʉgrɑ'merə]
hacker (m)	hacker (m)	['hɑkər]
senha (f)	passord (n)	['pɑs‚u:r]
vírus (m)	virus (m)	['virʉs]
detectar (vt)	å oppdage	[ɔ 'ɔp‚dɑgə]
byte (m)	byte (m)	['bɑjt]

megabyte (m)	megabyte (m)	['mega,bajt]
dados (m pl)	data (m pl)	['data]
base (f) de dados	database (m)	['data,basə]

cabo (m)	kabel (m)	['kabəl]
desconectar (vt)	å koble fra	[ɔ 'kɔblə fra]
conectar (vt)	å koble	[ɔ 'kɔblə]

102. Internet. E-mail

internet (f)	Internett	['intə,nɛt]
browser (m)	nettleser (m)	['nɛt,lesər]
motor (m) de busca	søkemotor (m)	['søkə,mɔtʊr]
provedor (m)	leverandør (m)	[levəran'dør]

webmaster (m)	webmaster (m)	['vɛb,mastər]
website (m)	webside, hjemmeside (m/f)	['vɛb,sidə], ['jɛmə,sidə]
web page (f)	nettside (m)	['nɛt,sidə]

| endereço (m) | adresse (m) | [a'drɛsə] |
| livro (m) de endereços | adressebok (f) | [a'drɛsə,bʊk] |

caixa (f) de correio	postkasse (m/f)	['pɔst,kasə]
correio (m)	post (m)	['pɔst]
cheia (caixa de correio)	full	['fʊl]

mensagem (f)	melding (m/f)	['mɛliŋ]
mensagens (f pl) recebidas	innkommende meldinger	['in,kɔmenə 'mɛliŋər]
mensagens (f pl) enviadas	utgående meldinger	['ʊt,gɔənə 'mɛliŋər]
remetente (m)	avsender (m)	['af,sɛnər]
enviar (vt)	å sende	[ɔ 'sɛnə]
envio (m)	avsending (m)	['af,sɛniŋ]
destinatário (m)	mottaker (m)	['mɔt,takər]
receber (vt)	å motta	[ɔ 'mɔta]

| correspondência (f) | korrespondanse (m) | [kʊrespɔn'dansə] |
| corresponder-se (vr) | å brevveksle | [ɔ 'bʁɛv,vɛkslə] |

arquivo (m)	fil (m)	['fil]
fazer download, baixar (vt)	å laste ned	[ɔ 'lastə 'ne]
criar (vt)	å opprette	[ɔ 'ɔp,rɛtə]
deletar (vt)	å slette, å fjerne	[ɔ 'ʂletə], [ɔ 'fjæ:ɳə]
deletado (adj)	slettet	['ʂletət]

conexão (f)	forbindelse (m)	[fɔr'binəlsə]
velocidade (f)	hastighet (m/f)	['hasti,het]
modem (m)	modem (n)	['mʊ'dɛm]
acesso (m)	tilgang (m)	['til,gaŋ]
porta (f)	port (m)	['pɔ:t]

conexão (f)	tilkobling (m/f)	['til,kɔbliŋ]
conectar (vi)	å koble	[ɔ 'kɔblə]
escolher (vt)	å velge	[ɔ 'vɛlgə]
buscar (vt)	å søke etter ...	[ɔ 'søkə ,ɛtər ...]

103. Eletricidade

eletricidade (f)	elektrisitet (m)	[ɛlektrisi'tet]
elétrico (adj)	elektrisk	[ɛ'lektrisk]
planta (f) elétrica	kraftverk (n)	['kraft‚værk]
energia (f)	energi (m)	[ɛnær'gi]
energia (f) elétrica	elkraft (m/f)	['ɛl‚kraft]
lâmpada (f)	lyspære (m/f)	['lys‚pærə]
lanterna (f)	lommelykt (m/f)	['lʉmə‚lʏkt]
poste (m) de iluminação	gatelykt (m/f)	['gatə‚lʏkt]
luz (f)	lys (n)	['lys]
ligar (vt)	å slå på	[ɔ 'ʂlɔ pɔ]
desligar (vt)	å slå av	[ɔ 'ʂlɔ ɑ:]
apagar a luz	å slokke lyset	[ɔ 'ʂløkə 'lysə]
queimar (vi)	å brenne ut	[ɔ 'brɛnə ʉt]
curto-circuito (m)	kortslutning (m)	['kʊːʈ‚slʉtniŋ]
ruptura (f)	kabelbrudd (n)	['kabəl‚brʉd]
contato (m)	kontakt (m)	[kʊn'takt]
interruptor (m)	strømbryter (m)	['strøm‚brytər]
tomada (de parede)	stikkontakt (m)	['stik kʊn‚takt]
plugue (m)	støpsel (n)	['støpsəl]
extensão (f)	skjøteledning (m)	['ʂøtə‚ledniŋ]
fusível (m)	sikring (m)	['sikriŋ]
fio, cabo (m)	ledning (m)	['ledniŋ]
instalação (f) elétrica	ledningsnett (n)	['ledniŋs‚nɛt]
ampère (m)	ampere (m)	[am'pɛr]
amperagem (f)	strømstyrke (m)	['strøm‚styrkə]
volt (m)	volt (m)	['vɔlt]
voltagem (f)	spenning (m/f)	['spɛniŋ]
aparelho (m) elétrico	elektrisk apparat (n)	[ɛ'lektrisk apa'rat]
indicador (m)	indikator (m)	[indi'katʊr]
eletricista (m)	elektriker (m)	[ɛ'lektrikər]
soldar (vt)	å lodde	[ɔ 'lɔdə]
soldador (m)	loddebolt (m)	['lɔdə‚bɔlt]
corrente (f) elétrica	strøm (m)	['strøm]

104. Ferramentas

ferramenta (f)	verktøy (n)	['værk‚tøj]
ferramentas (f pl)	verktøy (n pl)	['værk‚tøj]
equipamento (m)	utstyr (n)	['ʉt‚styr]
martelo (m)	hammer (m)	['hamər]
chave (f) de fenda	skrutrekker (m)	['skrʉ‚trɛkər]
machado (m)	øks (m/f)	['øks]

serra (f)	**sag** (m/f)	['sag]
serrar (vt)	**å sage**	[ɔ 'sagə]
plaina (f)	**høvel** (m)	['høvəl]
aplainar (vt)	**å høvle**	[ɔ 'høvlə]
soldador (m)	**loddebolt** (m)	['lɔdə‚bɔlt]
soldar (vt)	**å lodde**	[ɔ 'lɔdə]
lima (f)	**fil** (m/f)	['fil]
tenaz (f)	**knipetang** (m/f)	['knipə‚taŋ]
alicate (m)	**flattang** (m/f)	['flat‚taŋ]
formão (m)	**hoggjern, huggjern** (n)	['hʊg‚jæːn]
broca (f)	**bor** (m/n)	['bʊr]
furadeira (f) elétrica	**boremaskin** (m)	['bɔre ma‚sin]
furar (vt)	**å bore**	[ɔ 'bɔrə]
faca (f)	**kniv** (m)	['kniv]
lâmina (f)	**blad** (n)	['bla]
afiado (adj)	**skarp**	['skarp]
cego (adj)	**sløv**	['sløv]
embotar-se (vr)	**å bli sløv**	[ɔ 'bli 'sløv]
afiar, amolar (vt)	**å skjerpe, å slipe**	[ɔ 'ʂɛrpə], [ɔ 'ʂlipə]
parafuso (m)	**bolt** (m)	['bɔlt]
porca (f)	**mutter** (m)	['mʉtər]
rosca (f)	**gjenge** (n)	['jɛŋə]
parafuso (para madeira)	**skrue** (m)	['skrʉə]
prego (m)	**spiker** (m)	['spikər]
cabeça (f) do prego	**spikerhode** (n)	['spikər‚hʊdə]
régua (f)	**linjal** (m)	[li'njal]
fita (f) métrica	**målebånd** (n)	['moːlə‚bɔn]
nível (m)	**vater, vaterpass** (n)	['vatər], ['vatər‚pas]
lupa (f)	**lupe** (m/f)	['lʉpə]
medidor (m)	**måleinstrument** (n)	['moːlə instrʉ'mɛnt]
medir (vt)	**å måle**	[ɔ 'moːlə]
escala (f)	**skala** (m)	['skala]
indicação (f), registro (m)	**avlesninger** (m/f pl)	['av‚lesniŋər]
compressor (m)	**kompressor** (m)	[kʊm'presʊr]
microscópio (m)	**mikroskop** (n)	[mikrʊ'skʊp]
bomba (f)	**pumpe** (m/f)	['pʉmpə]
robô (m)	**robot** (m)	['rɔbɔt]
laser (m)	**laser** (m)	['lasər]
chave (f) de boca	**skrunøkkel** (m)	['skrʉ‚nøkəl]
fita (f) adesiva	**pakketeip** (m)	['pakə‚tɛjp]
cola (f)	**lim** (n)	['lim]
lixa (f)	**sandpapir** (n)	['sanpa‚pir]
mola (f)	**fjær** (m/f)	['fjær]
ímã (m)	**magnet** (m)	[maŋ'net]

luva (f)	**hansker** (m pl)	['hanskər]
corda (f)	**reip, rep** (n)	['ræjp], ['rɛp]
cabo (~ de nylon, etc.)	**snor** (m/f)	['snʊr]
fio (m)	**ledning** (m)	['ledniŋ]
cabo (~ elétrico)	**kabel** (m)	['kabəl]
marreta (f)	**slegge** (m/f)	['şlegə]
pé de cabra (m)	**spett, jernspett** (n)	['spɛt], ['jæːn̩ˌspɛt]
escada (f) de mão	**stige** (m)	['stiːə]
escada (m)	**trappstige** (m/f)	['trapˌstiːə]
enroscar (vt)	**å skru fast**	[ɔ 'skrʉ 'fast]
desenroscar (vt)	**å skru løs**	[ɔ 'skrʉ ˌløs]
apertar (vt)	**å klemme**	[ɔ 'klemə]
colar (vt)	**å klistre, å lime**	[ɔ 'klistrə], [ɔ 'limə]
cortar (vt)	**å skjære**	[ɔ 'şæːrə]
falha (f)	**funksjonsfeil** (m)	['fʉnkşɔnsˌfæjl]
conserto (m)	**reparasjon** (m)	[repara'şʊn]
consertar, reparar (vt)	**å reparere**	[ɔ repa'rerə]
regular, ajustar (vt)	**å justere**	[ɔ jʉ'sterə]
verificar (vt)	**å sjekke**	[ɔ 'şɛkə]
verificação (f)	**kontroll** (m)	[kʊn'trɔl]
indicação (f), registro (m)	**avlesninger** (m/f pl)	['avˌlesniŋər]
seguro (adj)	**pålitelig**	[pɔ'liteli]
complicado (adj)	**komplisert**	[kʊmpli'sɛːʈ]
enferrujar (vi)	**å ruste**	[ɔ 'rʉstə]
enferrujado (adj)	**rusten, rustet**	['rʉstən], ['rʉstət]
ferrugem (f)	**rust** (m/f)	['rʉst]

Transportes

105. Avião

avião (m)	fly (n)	['fly]
passagem (f) aérea	flybillett (m)	['fly bi'let]
companhia (f) aérea	flyselskap (n)	['flysəl‚skɑp]
aeroporto (m)	flyplass (m)	['fly‚plɑs]
supersônico (adj)	overlyds-	['ɔvə‚Lyds-]
comandante (m) do avião	kaptein (m)	[kɑp'tæjn]
tripulação (f)	besetning (m/f)	[be'sɛtniŋ]
piloto (m)	pilot (m)	[pi'lɔt]
aeromoça (f)	flyvertinne (m/f)	[flyvɛ:'tinə]
copiloto (m)	styrmann (m)	['styr‚mɑn]
asas (f pl)	vinger (m pl)	['viŋər]
cauda (f)	hale (m)	['hɑlə]
cabine (f)	cockpit, førerkabin (m)	['kɔkpit], ['førərkɑ‚bin]
motor (m)	motor (m)	['mɔtʊr]
trem (m) de pouso	landingshjul (n)	['lɑniŋsjʉl]
turbina (f)	turbin (m)	[tʉr'bin]
hélice (f)	propell (m)	[prʊ'pɛl]
caixa-preta (f)	svart boks (m)	['svɑ:t bɔks]
coluna (f) de controle	ratt (n)	['rɑt]
combustível (m)	brensel (n)	['brɛnsəl]
instruções (f pl) de segurança	sikkerhetsbrosjyre (m)	['sikərhɛts‚brɔ'syrə]
máscara (f) de oxigênio	oksygenmaske (m/f)	['ɔksygən‚mɑskə]
uniforme (m)	uniform (m)	[ʉni'fɔrm]
colete (m) salva-vidas	redningsvest (m)	['rɛdniŋs‚vɛst]
paraquedas (m)	fallskjerm (m)	['fɑl‚særm]
decolagem (f)	start (m)	['stɑ:t]
descolar (vi)	å løfte	[ɔ 'lœftə]
pista (f) de decolagem	startbane (m)	['stɑ:t‚bɑnə]
visibilidade (f)	siktbarhet (m)	['siktbɑr‚het]
voo (m)	flyging (m/f)	['flygiŋ]
altura (f)	høyde (m)	['højdə]
poço (m) de ar	lufthull (n)	['lʉft‚hʉl]
assento (m)	plass (m)	['plɑs]
fone (m) de ouvido	hodetelefoner (n pl)	['hɔdətelə‚fʉnər]
mesa (f) retrátil	klappbord (n)	['klɑp‚bʊr]
janela (f)	vindu (n)	['vindʉ]
corredor (m)	midtgang (m)	['mit‚gɑŋ]

106. Comboio

trem (m)	tog (n)	['tɔg]
trem (m) elétrico	lokaltog (n)	[lɔ'kal,tɔg]
trem (m)	ekspresstog (n)	[ɛks'prɛs,tɔg]
locomotiva (f) diesel	diesellokomotiv (n)	['disəl lʊkɔmɔ'tiv]
locomotiva (f) a vapor	damplokomotiv (n)	['damp lʊkɔmɔ'tiv]
vagão (f) de passageiros	vogn (m)	['vɔŋn]
vagão-restaurante (m)	restaurantvogn (m/f)	[rɛstʉ'raŋ,vɔŋn]
carris (m pl)	skinner (m/f pl)	['ʂinər]
estrada (f) de ferro	jernbane (m)	['jæːn̩,banə]
travessa (f)	sville (m/f)	['svilə]
plataforma (f)	perrong, plattform (m/f)	[pɛ'rɔŋ], ['platfɔrm]
linha (f)	spor (n)	['spʊr]
semáforo (m)	semafor (m)	[sema'fʉr]
estação (f)	stasjon (m)	[sta'ʂʉn]
maquinista (m)	lokfører (m)	['lʊk,førər]
bagageiro (m)	bærer (m)	['bærər]
hospedeiro, -a (m, f)	betjent (m)	['be'tjɛnt]
passageiro (m)	passasjer (m)	[pasa'ʂɛr]
revisor (m)	billett inspektør (m)	[bi'let inspɛk'tør]
corredor (m)	korridor (m)	[kʊri'dɔr]
freio (m) de emergência	nødbrems (m)	['nød,brɛms]
compartimento (m)	kupé (m)	[kʉ'pe]
cama (f)	køye (m/f)	['køjə]
cama (f) de cima	overkøye (m/f)	['ɔvər,køjə]
cama (f) de baixo	underkøye (m/f)	['ʉnər,køjə]
roupa (f) de cama	sengetøy (n)	['sɛŋə,tøj]
passagem (f)	billett (m)	[bi'let]
horário (m)	rutetabell (m)	['rʉtə,ta'bɛl]
painel (m) de informação	informasjonstavle (m/f)	[infɔrma'ʂʉns ,tavlə]
partir (vt)	å avgå	[ɔ 'avgɔ]
partida (f)	avgang (m)	['av,gaŋ]
chegar (vi)	å ankomme	[ɔ 'an,kɔmə]
chegada (f)	ankomst (m)	['an,kɔmst]
chegar de trem	å ankomme med toget	[ɔ 'an,kɔmə me 'tɔge]
pegar o trem	å gå på toget	[ɔ 'gɔ pɔ 'tɔge]
descer de trem	å gå av toget	[ɔ 'gɔ aː 'tɔge]
acidente (m) ferroviário	togulykke (m/n)	['tɔg ʉ'lʏkə]
descarrilar (vi)	å spore av	[ɔ 'spʊrə aː]
locomotiva (f) a vapor	damplokomotiv (n)	['damp lʊkɔmɔ'tiv]
foguista (m)	fyrbøter (m)	['fyr,bøtər]
fornalha (f)	fyrrom (n)	['fyr,rʊm]
carvão (m)	kull (n)	['kʉl]

107. Barco

navio (m)	skip (n)	['ṣip]
embarcação (f)	fartøy (n)	['fɑ:ˌtøj]
barco (m) a vapor	dampskip (n)	['dɑmpˌṣip]
barco (m) fluvial	elvebåt (m)	['ɛlvəˌbɔt]
transatlântico (m)	cruiseskip (n)	['krʉsˌṣip]
cruzeiro (m)	krysser (m)	['krʏsər]
iate (m)	jakt (m/f)	['jakt]
rebocador (m)	bukserbåt (m)	[bʉk'serˌbɔt]
barcaça (f)	lastepram (m)	['lɑstəˌprɑm]
ferry (m)	ferje, ferge (m/f)	['færjə], ['færgə]
veleiro (m)	seilbåt (n)	['sæjlˌbɔt]
bergantim (m)	brigantin (m)	[brigɑn'tin]
quebra-gelo (m)	isbryter (m)	['isˌbrytər]
submarino (m)	ubåt (m)	['ʉːˌbɔt]
bote, barco (m)	båt (m)	['bɔt]
baleeira (bote salva-vidas)	jolle (m/f)	['jɔlə]
bote (m) salva-vidas	livbåt (m)	['livˌbɔt]
lancha (f)	motorbåt (m)	['mɔtʉrˌbɔt]
capitão (m)	kaptein (m)	[kɑp'tæjn]
marinheiro (m)	matros (m)	[mɑ'trʊs]
marujo (m)	sjømann (m)	['ṣøˌmɑn]
tripulação (f)	besetning (m/f)	[be'sɛtniŋ]
contramestre (m)	båtsmann (m)	['bɔsˌmɑn]
grumete (m)	skipsgutt, jungmann (m)	['ṣipsˌgʉt], ['jʉŋˌmɑn]
cozinheiro (m) de bordo	kokk (m)	['kʊk]
médico (m) de bordo	skipslege (m)	['ṣipsˌlegə]
convés (m)	dekk (n)	['dɛk]
mastro (m)	mast (m/f)	['mɑst]
vela (f)	seil (n)	['sæjl]
porão (m)	lasterom (n)	['lɑstəˌrʊm]
proa (f)	baug (m)	['bæu]
popa (f)	akterende (m)	['ɑktəˌrɛnə]
remo (m)	åre (m)	['oːrə]
hélice (f)	propell (m)	[prʊ'pɛl]
cabine (m)	hytte (m)	['hʏtə]
sala (f) dos oficiais	offisersmesse (m/f)	[ɔfi'sɛrsˌmɛsə]
sala (f) das máquinas	maskinrom (n)	[mɑ'ṣinˌrʊm]
ponte (m) de comando	kommandobro (m/f)	[kɔ'mɑndʊˌbrʊ]
sala (f) de comunicações	radiorom (m)	['rɑdiʊˌrʊm]
onda (f)	bølge (m)	['bølgə]
diário (m) de bordo	loggbok (m/f)	['lɔgˌbʊk]
luneta (f)	langkikkert (m)	['lɑŋˌkikeːt]
sino (m)	klokke (m/f)	['klɔkə]

bandeira (f)	flagg (n)	['flag]
cabo (m)	trosse (m/f)	['trʊsə]
nó (m)	knute (m)	['knʉtə]
corrimão (m)	rekkverk (n)	['rɛk‚værk]
prancha (f) de embarque	landgang (m)	['lan‚gaŋ]
âncora (f)	anker (n)	['ankər]
recolher a âncora	å lette anker	[ɔ 'letə 'ankər]
jogar a âncora	å kaste anker	[ɔ 'kastə 'ankər]
amarra (corrente de âncora)	ankerkjetting (m)	['ankər‚çɛtiŋ]
porto (m)	havn (m/f)	['havn]
cais, amarradouro (m)	kai (m/f)	['kaj]
atracar (vi)	å fortøye	[ɔ fɔ:'tøjə]
desatracar (vi)	å kaste loss	[ɔ 'kastə lɔs]
viagem (f)	reise (m/f)	['ræjsə]
cruzeiro (m)	cruise (n)	['krʉs]
rumo (m)	kurs (m)	['kʉʂ]
itinerário (m)	rute (m/f)	['rʉtə]
canal (m) de navegação	seilrende (m)	['sæjl‚rɛnə]
banco (m) de areia	grunne (m/f)	['grʉnə]
encalhar (vt)	å gå på grunn	[ɔ 'gɔ pɔ 'grʉn]
tempestade (f)	storm (m)	['stɔrm]
sinal (m)	signal (n)	[siŋ'nal]
afundar-se (vr)	å synke	[ɔ 'sʏnkə]
Homem ao mar!	Mann over bord!	['man ‚ɔvər 'bʊr]
SOS	SOS (n)	[ɛsʊ'ɛs]
boia (f) salva-vidas	livbøye (m/f)	['liv‚bøjə]

108. Aeroporto

aeroporto (m)	flyplass (m)	['fly‚plas]
avião (m)	fly (n)	['fly]
companhia (f) aérea	flyselskap (n)	['flysəl‚skap]
controlador (m) de tráfego aéreo	flygeleder (m)	['flygə‚ledər]
partida (f)	avgang (m)	['av‚gaŋ]
chegada (f)	ankomst (m)	['an‚kɔmst]
chegar (vi)	å ankomme	[ɔ 'an‚kɔmə]
hora (f) de partida	avgangstid (m/f)	['avgaŋs‚tid]
hora (f) de chegada	ankomsttid (m/f)	[an'kɔms‚tid]
estar atrasado	å bli forsinket	[ɔ 'bli fɔ'şinkət]
atraso (m) de voo	avgangsforsinkelse (m)	['avgaŋs fɔ'şinkəlsə]
painel (m) de informação	informasjonstavle (m/f)	[informa'şʉns ‚tavlə]
informação (f)	informasjon (m)	[informa'şʉn]
anunciar (vt)	å meddele	[ɔ 'mɛd‚delə]

voo (m)	**fly** (n)	['fly]
alfândega (f)	**toll** (m)	['tɔl]
funcionário (m) da alfândega	**tollbetjent** (m)	['tɔlbe͵tjɛnt]
declaração (f) alfandegária	**tolldeklarasjon** (m)	['tɔldɛklaraˈʂʊn]
preencher (vt)	**å utfylle**	[ɔ 'ʉt͵fʏlə]
preencher a declaração	**å utfylle en tolldeklarasjon**	[ɔ 'ʉt͵fʏlə en 'tɔldɛklara͵ʂʊn]
controle (m) de passaporte	**passkontroll** (m)	['paskʊn͵trɔl]
bagagem (f)	**bagasje** (m)	[baˈgaʂə]
bagagem (f) de mão	**håndbagasje** (m)	['hɔn͵baˈgaʂə]
carrinho (m)	**bagasjetralle** (m/f)	[baˈgaʂə͵tralə]
pouso (m)	**landing** (m)	['laniŋ]
pista (f) de pouso	**landingsbane** (m)	['laniŋs͵banə]
aterrissar (vi)	**å lande**	[ɔ 'lanə]
escada (f) de avião	**trapp** (m/f)	['trap]
check-in (m)	**innsjekking** (m/f)	['in͵ʂɛkiŋ]
balcão (m) do check-in	**innsjekkingsskranke** (m)	['in͵ʂɛkiŋs ͵skrankə]
fazer o check-in	**å sjekke inn**	[ɔ 'ʂɛkə in]
cartão (m) de embarque	**boardingkort** (n)	['bɔːdiŋ͵kɔːt]
portão (m) de embarque	**gate** (m/f)	['gejt]
trânsito (m)	**transitt** (m)	[tranˈsit]
esperar (vi, vt)	**å vente**	[ɔ 'vɛntə]
sala (f) de espera	**ventehall** (m)	['vɛntə͵hal]
despedir-se (acompanhar)	**å ta avskjed**	[ɔ 'ta 'af͵ʂɛd]
despedir-se (dizer adeus)	**å si farvel**	[ɔ 'si far'vɛl]

Eventos

109. Férias. Evento

festa (f)	fest (m)	['fɛst]
feriado (m) nacional	nasjonaldag (m)	[nɑʂu'nɑlˌdɑ]
feriado (m)	festdag (m)	['fɛstˌdɑ]
festejar (vt)	å feire	[ɔ 'fæjrə]
evento (festa, etc.)	begivenhet (m/f)	[be'jivenˌhet]
evento (banquete, etc.)	evenement (n)	[ɛvenə'mɑŋ]
banquete (m)	bankett (m)	[bɑn'kɛt]
recepção (f)	resepsjon (m)	[resɛp'ʂun]
festim (m)	fest (n)	['fɛst]
aniversário (m)	årsdag (m)	['oːʂˌdɑ]
jubileu (m)	jubileum (n)	[jʉbi'leʉm]
celebrar (vt)	å feire	[ɔ 'fæjrə]
Ano (m) Novo	nytt år (n)	['nʏt ˌoːr]
Feliz Ano Novo!	Godt nytt år!	['gɔt nʏt ˌoːr]
Papai Noel (m)	Julenissen	['jʉləˌnisən]
Natal (m)	Jul (m/f)	['jʉl]
Feliz Natal!	Gledelig jul!	['gledəli 'jʉl]
árvore (f) de Natal	juletre (n)	['jʉləˌtrɛ]
fogos (m pl) de artifício	fyrverkeri (n)	[ˌfyrværkə'ri]
casamento (m)	bryllup (n)	['brʏlʉp]
noivo (m)	brudgom (m)	['brʉdˌgɔm]
noiva (f)	brud (m/f)	['brʉd]
convidar (vt)	å innby, å invitere	[ɔ 'inby], [ɔ invi'terə]
convite (m)	innbydelse (m)	[in'bydəlse]
convidado (m)	gjest (m)	['jɛst]
visitar (vt)	å besøke	[ɔ be'søkə]
receber os convidados	å hilse på gjestene	[ɔ 'hilsə pɔ 'jɛstenə]
presente (m)	gave (m/f)	['gɑvə]
oferecer, dar (vt)	å gi	[ɔ 'ji]
receber presentes	å få gaver	[ɔ 'fɔ 'gɑvər]
buquê (m) de flores	bukett (m)	[bʉ'kɛt]
felicitações (f pl)	lykkønskning (m/f)	['lʏkˌønskniŋ]
felicitar (vt)	å gratulere	[ɔ grɑtʉ'lerə]
cartão (m) de parabéns	gratulasjonskort (n)	[grɑtʉlɑ'ʂunsˌkɔːt]
enviar um cartão postal	å sende postkort	[ɔ 'sɛnə 'pɔstˌkɔːt]
receber um cartão postal	å få postkort	[ɔ 'fɔ 'pɔstˌkɔːt]

brinde (m)	skål (m/f)	['skɔl]
oferecer (vt)	å tilby	[ɔ 'tilby]
champanhe (m)	champagne (m)	[ʂam'panjə]

divertir-se (vr)	å more seg	[ɔ 'mʊrə sæj]
diversão (f)	munterhet (m)	['mʉntər‚het]
alegria (f)	glede (m/f)	['gledə]

| dança (f) | dans (m) | ['dɑns] |
| dançar (vi) | å danse | [ɔ 'dɑnsə] |

| valsa (f) | vals (m) | ['vɑls] |
| tango (m) | tango (m) | ['tɑŋgʉ] |

110. Funerais. Enterro

cemitério (m)	gravplass, kirkegård (m)	['grɑv‚plɑs], ['çirkə‚gɔ:r]
sepultura (f), túmulo (m)	grav (m)	['grɑv]
cruz (f)	kors (n)	['kɔ:ʂ]
lápide (f)	gravstein (m)	['grɑf‚stæjn]
cerca (f)	gjerde (n)	['jærə]
capela (f)	kapell (n)	[kɑ'pɛl]

morte (f)	død (m)	['dø]
morrer (vi)	å dø	[ɔ 'dø]
defunto (m)	den avdøde	[den 'ɑv‚dødə]
luto (m)	sorg (m/f)	['sɔr]

enterrar, sepultar (vt)	å begrave	[ɔ be'grɑvə]
funerária (f)	begravelsesbyrå (n)	[be'grɑvəlsəs by‚ro]
funeral (m)	begravelse (m)	[be'grɑvəlsə]

coroa (f) de flores	krans (m)	['krɑns]
caixão (m)	likkiste (m/f)	['lik‚çistə]
carro (m) funerário	likbil (m)	['lik‚bil]
mortalha (f)	likklede (n)	['lik‚kledə]

procissão (f) funerária	gravfølge (n)	['grɑv‚følgə]
urna (f) funerária	askeurne (m/f)	['ɑskə‚ʉ:nə]
crematório (m)	krematorium (n)	[krɛmɑ'tʉrium]

obituário (m), necrologia (f)	nekrolog (m)	[nekrʊ'lɔg]
chorar (vi)	å gråte	[ɔ 'gro:tə]
soluçar (vi)	å hulke	[ɔ 'hʉlkə]

111. Guerra. Soldados

pelotão (m)	tropp (m)	['trɔp]
companhia (f)	kompani (n)	[kʊmpɑ'ni]
regimento (m)	regiment (n)	[rɛgi'mɛnt]
exército (m)	hær (m)	['hær]
divisão (f)	divisjon (m)	[divi'ʂʊn]

| esquadrão (m) | tropp (m) | ['trɔp] |
| hoste (f) | hær (m) | ['hær] |

| soldado (m) | soldat (m) | [sʊl'dɑt] |
| oficial (m) | offiser (m) | [ɔfi'sɛr] |

soldado (m) raso	menig (m)	['meni]
sargento (m)	sersjant (m)	[sær'ʂɑnt]
tenente (m)	løytnant (m)	['løjt,nɑnt]
capitão (m)	kaptein (m)	[kɑp'tæjn]
major (m)	major (m)	[mɑ'jɔr]
coronel (m)	oberst (m)	['ʊbɛʂt]
general (m)	general (m)	[gene'rɑl]

marujo (m)	sjømann (m)	['ʂø,mɑn]
capitão (m)	kaptein (m)	[kɑp'tæjn]
contramestre (m)	båtsmann (m)	['bɔs,mɑn]

artilheiro (m)	artillerist (m)	[,ɑːʈile'rist]
soldado (m) paraquedista	fallskjermjeger (m)	['fɑl,ʂærm 'jɛːgər]
piloto (m)	flyger, flyver (m)	['flygər], ['flyvər]
navegador (m)	styrmann (m)	['styr,mɑn]
mecânico (m)	mekaniker (m)	[me'kɑnikər]

sapador-mineiro (m)	pioner (m)	[piʊ'ner]
paraquedista (m)	fallskjermhopper (m)	['fɑl,ʂærm 'hɔpər]
explorador (m)	oppklaringssoldat (m)	['ɔp,klɑriŋ sʊl'dɑt]
atirador (m) de tocaia	skarpskytte (m)	['skɑrp,ʂytə]
patrulha (f)	patrulje (m)	[pɑ'trʉlje]
patrulhar (vt)	å patruljere	[ɔ pɑtrʉ'ljerə]
sentinela (f)	vakt (m)	['vɑkt]

guerreiro (m)	kriger (m)	['krigər]
patriota (m)	patriot (m)	[pɑtri'ɔt]
herói (m)	helt (m)	['hɛlt]
heroína (f)	heltinne (m)	['hɛlt,inə]

traidor (m)	forræder (m)	[fɔ'rædər]
trair (vt)	å forråde	[ɔ fɔ'rɔːdə]
desertor (m)	desertør (m)	[desæː'ʈør]
desertar (vt)	å desertere	[ɔ desæː'ʈerə]

mercenário (m)	leiesoldat (m)	['læjəsʊl,dɑt]
recruta (m)	rekrutt (m)	[re'krʉt]
voluntário (m)	frivillig (m)	['fri,vili]

morto (m)	drept (m)	['drɛpt]
ferido (m)	såret (m)	['soːrə]
prisioneiro (m) de guerra	fange (m)	['faŋə]

112. Guerra. Ações militares. Parte 1

| guerra (f) | krig (m) | ['krig] |
| guerrear (vt) | å være i krig | [ɔ 'værə i ,krig] |

guerra (f) civil	borgerkrig (m)	['bɔrgər,krig]
perfidamente	lumsk, forræderisk	['lumsk], [fɔ'rædərisk]
declaração (f) de guerra	krigserklæring (m)	['krigs ær,klæriŋ]
declarar guerra	å erklære	[ɔ ær'klærə]
agressão (f)	aggresjon (m)	[agre'ʂun]
atacar (vt)	å angripe	[ɔ 'an,gripə]
invadir (vt)	å invadere	[ɔ inva'derə]
invasor (m)	angriper (m)	['an,gripər]
conquistador (m)	erobrer (m)	[ɛ'rubrər]
defesa (f)	forsvar (n)	['fu,svar]
defender (vt)	å forsvare	[ɔ fɔ'ʂvarə]
defender-se (vr)	å forsvare seg	[ɔ fɔ'ʂvarə sæj]
inimigo (m)	fiende (m)	['fiɛndə]
adversário (m)	motstander (m)	['mut,stanər]
inimigo (adj)	fiendtlig	['fjɛntli]
estratégia (f)	strategi (m)	[strate'gi]
tática (f)	taktikk (m)	[tak'tik]
ordem (f)	ordre (m)	['ɔrdrə]
comando (m)	ordre, kommando (m/f)	['ɔrdrə], ['ku'mandu]
ordenar (vt)	å beordre	[ɔ be'ɔrdrə]
missão (f)	oppdrag (m)	['ɔpdrag]
secreto (adj)	hemmelig	['hɛməli]
batalha (f), combate (m)	slag (n)	['ʂlag]
batalha (f)	batalje (m)	[ba'taljə]
combate (m)	kamp (m)	['kamp]
ataque (m)	angrep (n)	['an,grɛp]
assalto (m)	storm (m)	['stɔrm]
assaltar (vt)	å storme	[ɔ 'stɔrmə]
assédio, sítio (m)	beleiring (m/f)	[be'læjriŋ]
ofensiva (f)	offensiv (m), angrep (n)	['ɔfen,sif], ['an,grɛp]
tomar à ofensiva	å angripe	[ɔ 'an,gripə]
retirada (f)	retrett (m)	[rɛ'trɛt]
retirar-se (vr)	å retirere	[ɔ reti'rerə]
cerco (m)	omringing (m/f)	['ɔm,riŋiŋ]
cercar (vt)	å omringe	[ɔ 'ɔm,riŋə]
bombardeio (m)	bombing (m/f)	['bumbiŋ]
lançar uma bomba	å slippe bombe	[ɔ 'ʂlipə 'bumbə]
bombardear (vt)	å bombardere	[ɔ bumba:'ɖerə]
explosão (f)	eksplosjon (m)	[ɛksplu'ʂun]
tiro (m)	skudd (n)	['skuɖ]
dar um tiro	å skyte av	[ɔ 'ʂytə a:]
tiroteio (m)	skytning (m/f)	['ʂytniŋ]
apontar para …	å sikte på …	[ɔ 'siktə pɔ …]
apontar (vt)	å rette	[ɔ 'rɛtə]

acertar (vt)	à treffe	[ɔ 'trɛfə]
afundar (~ um navio, etc.)	à senke	[ɔ 'sɛnkə]
brecha (f)	hull (n)	['hʉl]
afundar-se (vr)	à synke	[ɔ 'sʏnkə]

frente (m)	front (m)	['frɔnt]
evacuação (f)	evakuering (m/f)	[ɛvɑkʉ'eriŋ]
evacuar (vt)	à evakuere	[ɔ ɛvɑkʉ'erə]

trincheira (f)	skyttergrav (m)	['şytə,grɑv]
arame (m) enfarpado	piggtråd (m)	['pig,trɔd]
barreira (f) anti-tanque	hinder (n), sperring (m/f)	['hindər], ['spɛriŋ]
torre (f) de vigia	vakttårn (n)	['vɑkt,tɔ:ņ]

hospital (m) militar	militærsykehus (n)	[mili'tær,sykə'hʉs]
ferir (vt)	à såre	[ɔ 'so:rə]
ferida (f)	sår (n)	['sɔr]
ferido (m)	såret (n)	['so:rə]
ficar ferido	à bli såret	[ɔ 'bli 'so:rət]
grave (ferida ~)	alvorlig	[ɑl'vɔ:ļi]

113. Guerra. Ações militares. Parte 2

cativeiro (m)	fangeskap (n)	['faŋə,skɑp]
capturar (vt)	à ta til fange	[ɔ 'ta til 'faŋə]
estar em cativeiro	à være i fangeskap	[ɔ 'værə i 'faŋə,skɑp]
ser aprisionado	à bli tatt til fange	[ɔ 'bli tat til 'faŋə]

campo (m) de concentração	konsentrasjonsleir (m)	[kʉnsentra'şʉns,læjr]
prisioneiro (m) de guerra	fange (m)	['faŋə]
escapar (vi)	à flykte	[ɔ 'flʏktə]

trair (vt)	à forråde	[ɔ fɔ'rɔ:də]
traidor (m)	forræder (m)	[fɔ'rædər]
traição (f)	forræderi (n)	[fɔrædə'ri]

| fuzilar, executar (vt) | à henrette ved skyting | [ɔ 'hɛn,rɛtə ve 'şytiŋ] |
| fuzilamento (m) | skyting (m/f) | ['şytiŋ] |

equipamento (m)	mundering (m/f)	[mʉn'dɛriŋ]
insígnia (f) de ombro	skulderklaff (m)	['skʉldər,klɑf]
máscara (f) de gás	gassmaske (m/f)	['gas,maskə]

rádio (m)	feltradio (m)	['fɛlt,rɑdiʉ]
cifra (f), código (m)	chiffer (n)	['şifər]
conspiração (f)	hemmeligholdelse (m)	['hɛməli,hɔləlsə]
senha (f)	passord (n)	['pas,u:r]

mina (f)	mine (m/f)	['minə]
minar (vt)	à minelegge	[ɔ 'minə,legə]
campo (m) minado	minefelt (n)	['minə,fɛlt]

| alarme (m) aéreo | flyalarm (m) | ['fly a'lɑrm] |
| alarme (m) | alarm (m) | [a'lɑrm] |

| sinal (m) | signal (n) | [siŋ'nal] |
| sinalizador (m) | signalrakett (m) | [siŋ'nal ra'kɛt] |

quartel-general (m)	stab (m)	['stab]
reconhecimento (m)	oppklaring (m/f)	['ɔp‚klariŋ]
situação (f)	situasjon (m)	[situa'ʂʊn]
relatório (m)	rapport (m)	[ra'pɔːʈ]
emboscada (f)	bakhold (n)	['bak‚hɔl]
reforço (m)	forsterkning (m/f)	[fɔ'ʂtærkniŋ]

alvo (m)	mål (n)	['mol]
campo (m) de tiro	skytefelt (n)	['ʂytə‚fɛlt]
manobras (f pl)	manøverer (m pl)	[ma'nøvər]

pânico (m)	panikk (m)	[pa'nik]
devastação (f)	ødeleggelse (m)	['ødə‚legəlsə]
ruínas (f pl)	ruiner (m pl)	[rʉ'inər]
destruir (vt)	å ødelegge	[ɔ 'ødə‚legə]

sobreviver (vi)	å overleve	[ɔ 'ovə‚leve]
desarmar (vt)	å avvæpne	[ɔ 'av‚væpnə]
manusear (vt)	å handtere	[ɔ han'terə]

| Sentido! | Rett! | Gi-akt! | ['rɛt], ['jiː'akt] |
| Descansar! | Hvil! | ['vil] |

façanha (f)	bedrift (m)	[be'drift]
juramento (m)	ed (m)	['ɛd]
jurar (vi)	å sverge	[ɔ 'sværgə]

condecoração (f)	belønning (m/f)	[be'lœniŋ]
condecorar (vt)	å belønne	[ɔ be'lœnə]
medalha (f)	medalje (m)	[me'daljə]
ordem (f)	orden (m)	['ɔrdən]

vitória (f)	seier (m)	['sæjər]
derrota (f)	nederlag (n)	['nedə‚lag]
armistício (m)	våpenhvile (m)	['vɔpən‚vilə]

bandeira (f)	fane (m)	['fanə]
glória (f)	berømmelse (m)	[be'rœməlsə]
parada (f)	parade (m)	[pa'radə]
marchar (vi)	å marsjere	[ɔ ma'ʂerə]

114. Armas

arma (f)	våpen (n)	['vɔpən]
arma (f) de fogo	skytevåpen (n)	['ʂytə‚vɔpən]
arma (f) branca	blankvåpen (n)	['blank‚vɔpən]

arma (f) química	kjemisk våpen (n)	['çemisk ‚vɔpən]
nuclear (adj)	kjerne-	['çæːŋə-]
arma (f) nuclear	kjernevåpen (n)	['çæːŋə‚vɔpən]
bomba (f)	bombe (m)	['bʊmbə]

111

bomba (f) atômica	atombombe (m)	[a'tɵm‚bɵmbə]
pistola (f)	pistol (m)	[pi'stʉl]
rifle (m)	gevær (n)	[ge'vær]
semi-automática (f)	maskinpistol (m)	[ma'şin pi‚stʉl]
metralhadora (f)	maskingevær (n)	[ma'şin ge‚vær]

boca (f)	munning (m)	['mɵniŋ]
cano (m)	løp (n)	['løp]
calibre (m)	kaliber (m/n)	[ka'libər]

gatilho (m)	avtrekker (m)	['av‚trɛkər]
mira (f)	sikte (n)	['siktə]
carregador (m)	magasin (n)	[maga'sin]
coronha (f)	kolbe (m)	['kɔlbə]

granada (f) de mão	håndgranat (m)	['hɔn‚gra'nat]
explosivo (m)	sprengstoff (n)	['sprɛŋ‚stɔf]

bala (f)	kule (m/f)	['kʉːlə]
cartucho (m)	patron (m)	[pa'trʉn]
carga (f)	ladning (m)	['ladniŋ]
munições (f pl)	ammunisjon (m)	[amʉni'şʉn]

bombardeiro (m)	bombefly (n)	['bɵmbə‚fly]
avião (m) de caça	jagerfly (n)	['jagər‚fly]
helicóptero (m)	helikopter (n)	[heli'kɔptər]

canhão (m) antiaéreo	luftvernkanon (m)	['lɵftvɛːɳ ka'nʉn]
tanque (m)	stridsvogn (m/f)	['strids‚vɔŋn]
canhão (de um tanque)	kanon (m)	[ka'nʉn]

artilharia (f)	artilleri (n)	[‚aːţile'ri]
canhão (m)	kanon (m)	[ka'nʉn]
fazer a pontaria	å rette	[ɔ 'rɛtə]

projétil (m)	projektil (m)	[prʉek'til]
granada (f) de morteiro	granat (m/f)	[gra'nat]
morteiro (m)	granatkaster (m)	[gra'nat‚kastər]
estilhaço (m)	splint (m)	['splint]

submarino (m)	ubåt (m)	['ʉːˌbɔt]
torpedo (m)	torpedo (m)	[tʉr'pedʉ]
míssil (m)	rakett (m)	[ra'kɛt]

carregar (uma arma)	å lade	[ɔ 'ladə]
disparar, atirar (vi)	å skyte	[ɔ 'şytə]
apontar para ...	å sikte på ...	[ɔ 'siktə pɔ ...]
baioneta (f)	bajonett (m)	[bajo'nɛt]

espada (f)	kårde (m)	['koːrdə]
sabre (m)	sabel (m)	['sabəl]
lança (f)	spyd (n)	['spyd]
arco (m)	bue (m)	['bʉːə]
flecha (f)	pil (m/f)	['pil]
mosquete (m)	muskett (m)	[mʉ'skɛt]
besta (f)	armbrøst (m)	['arm‚brøst]

115. Povos da antiguidade

primitivo (adj)	ur-	['ʉr-]
pré-histórico (adj)	forhistorisk	['fɔrhi‚stʉrisk]
antigo (adj)	oldtidens, antikkens	['ɔl‚tidəns], [an'tikəns]

Idade (f) da Pedra	Steinalderen	['stæjn‚alderən]
Idade (f) do Bronze	bronsealder (m)	['brɔnsə‚aldər]
Era (f) do Gelo	istid (m/f)	['is‚tid]

tribo (f)	stamme (m)	['stamə]
canibal (m)	kannibal (m)	[kɑni'bɑl]
caçador (m)	jeger (m)	['jɛːgər]
caçar (vi)	å jage	[ɔ 'jagə]
mamute (m)	mammut (m)	['mɑmʉt]

caverna (f)	grotte (m/f)	['grɔtə]
fogo (m)	ild (m)	['il]
fogueira (f)	bål (n)	['bɔl]
pintura (f) rupestre	helleristning (m/f)	['hɛlə‚ristniŋ]

ferramenta (f)	redskap (m/n)	['rɛd‚skap]
lança (f)	spyd (n)	['spyd]
machado (m) de pedra	steinøks (m/f)	['stæjn‚øks]
guerrear (vt)	å være i krig	[ɔ 'værə i ‚krig]
domesticar (vt)	å temme	[ɔ 'tɛmə]

ídolo (m)	idol (n)	[i'dʉl]
adorar, venerar (vt)	å dyrke	[ɔ 'dyrkə]
superstição (f)	overtro (m)	['ɔvə‚trʊ]
ritual (m)	ritual (n)	[ritʉ'al]

evolução (f)	evolusjon (m)	[ɛvɔlʉ'ʂʊn]
desenvolvimento (m)	utvikling (m/f)	['ʉt‚vikliŋ]
extinção (f)	forsvinning (m/f)	[fɔ'ʂviniŋ]
adaptar-se (vr)	å tilpasse seg	[ɔ 'til‚pasə sæj]

arqueologia (f)	arkeologi (m)	[‚arkeʊlʊ'gi]
arqueólogo (m)	arkeolog (m)	[‚arkeʊ'lɔg]
arqueológico (adj)	arkeologisk	[‚arkeʊ'lɔgisk]

escavação (sítio)	utgravingssted (n)	['ʉt‚graviŋs ‚sted]
escavações (f pl)	utgravinger (m/f pl)	['ʉt‚graviŋər]
achado (m)	funn (n)	['fʉn]
fragmento (m)	fragment (n)	[frɑg'mɛnt]

116. Idade média

povo (m)	folk (n)	['fɔlk]
povos (m pl)	folk (n pl)	['fɔlk]
tribo (f)	stamme (m)	['stamə]
tribos (f pl)	stammer (m pl)	['stamər]
bárbaros (pl)	barbarer (m pl)	[bar'barər]

galeses (pl)	**gallere** (m pl)	['galere]
godos (pl)	**gotere** (m pl)	['gɔterə]
eslavos (pl)	**slavere** (m pl)	['slavɛrə]
viquingues (pl)	**vikinger** (m pl)	['vikiŋər]

romanos (pl)	**romere** (m pl)	['rʊmerə]
romano (adj)	**romersk**	['rʊmæʂk]

bizantinos (pl)	**bysantiner** (m pl)	[bysan'tinər]
Bizâncio	**Bysants**	[by'sants]
bizantino (adj)	**bysantinsk**	[bysan'tinsk]

imperador (m)	**keiser** (m)	['kæjsər]
líder (m)	**høvding** (m)	['høvdiŋ]
poderoso (adj)	**mektig**	['mɛkti]
rei (m)	**konge** (m)	['kʊŋə]
governante (m)	**hersker** (m)	['hæʂkər]

cavaleiro (m)	**ridder** (m)	['ridər]
senhor feudal (m)	**føydalherre** (m)	['føjdal,hɛrə]
feudal (adj)	**føydal**	['føjdal]
vassalo (m)	**vasall** (m)	[va'sal]

duque (m)	**hertug** (m)	['hæːʈʉg]
conde (m)	**greve** (m)	['grevə]
barão (m)	**baron** (m)	[ba'rʊn]
bispo (m)	**biskop** (m)	['biskɔp]

armadura (f)	**rustning** (m/f)	['rʉstniŋ]
escudo (m)	**skjold** (n)	['ʂɔl]
espada (f)	**sverd** (n)	['sværd]
viseira (f)	**visir** (n)	[vi'sir]
cota (f) de malha	**ringbrynje** (m/f)	['riŋ,brynje]

cruzada (f)	**korstog** (n)	['kɔːʂ,tɔg]
cruzado (m)	**korsfarer** (m)	['kɔːʂ,farər]

território (m)	**territorium** (n)	[tɛri'tʊrium]
atacar (vt)	**å angripe**	[ɔ 'an,gripə]
conquistar (vt)	**å erobre**	[ɔ ɛ'rʊbrə]
ocupar, invadir (vt)	**å okkupere**	[ɔ ɔkʉ'perə]

assédio, sítio (m)	**beleiring** (m/f)	[be'læjriŋ]
sitiado (adj)	**beleiret**	[be'læjrət]
assediar, sitiar (vt)	**å beleire**	[ɔ be'læjre]

inquisição (f)	**inkvisisjon** (m)	[inkvisi'ʂʊn]
inquisidor (m)	**inkvisitor** (m)	[inkvi'sitʊr]
tortura (f)	**tortur** (m)	[tɔː'ʈʉr]
cruel (adj)	**brutal**	[brʉ'tal]
herege (m)	**kjetter** (m)	['çɛtər]
heresia (f)	**kjetteri** (n)	[çɛtə'ri]

navegação (f) marítima	**sjøfart** (m)	['søˌfaːʈ]
pirata (m)	**pirat, sjørøver** (m)	['pi'rat], ['ʂøˌrøvər]
pirataria (f)	**sjørøveri** (n)	['ʂø røvɛ'ri]

abordagem (f)	entring (m/f)	['ɛntriŋ]
presa (f), butim (m)	bytte (n)	['bʏtə]
tesouros (m pl)	skatter (m pl)	['skatər]

descobrimento (m)	oppdagelse (m)	['ɔpˌdagəlsə]
descobrir (novas terras)	å oppdage	[ɔ 'ɔpˌdagə]
expedição (f)	ekspedisjon (m)	[ɛkspedi'ʂʊn]

mosqueteiro (m)	musketer (m)	[mʉskə'ter]
cardeal (m)	kardinal (m)	[kaːɖi'nal]
heráldica (f)	heraldikk (m)	[heral'dik]
heráldico (adj)	heraldisk	[he'raldisk]

117. Líder. Chefe. Autoridades

rei (m)	konge (m)	['kʊŋə]
rainha (f)	dronning (m/f)	['drɔniŋ]
real (adj)	kongelig	['kʊŋəli]
reino (m)	kongerike (n)	['kʊŋəˌrikə]

príncipe (m)	prins (m)	['prins]
princesa (f)	prinsesse (m/f)	[prin'sɛsə]

presidente (m)	president (m)	[prɛsi'dɛnt]
vice-presidente (m)	visepresident (m)	['visə prɛsi'dɛnt]
senador (m)	senator (m)	[se'natʊr]

monarca (m)	monark (m)	[mʊ'nark]
governante (m)	hersker (m)	['hæʂkər]
ditador (m)	diktator (m)	[dik'tatʊr]
tirano (m)	tyrann (m)	[ty'ran]
magnata (m)	magnat (m)	[maɳ'nat]

diretor (m)	direktør (m)	[dirɛk'tør]
chefe (m)	sjef (m)	['ʂɛf]
gerente (m)	forstander (m)	[fo'ʂtandər]
patrão (m)	boss (m)	['bɔs]
dono (m)	eier (m)	['æjər]

líder (m)	leder (m)	['ledər]
chefe (m)	leder (m)	['ledər]
autoridades (f pl)	myndigheter (m pl)	['mʏndiˌhetər]
superiores (m pl)	overordnede (pl)	['ɔvərˌɔrdnedə]

governador (m)	guvernør (m)	[gʉver'nør]
cônsul (m)	konsul (m)	['kʊnˌsʉl]
diplomata (m)	diplomat (m)	[diplʉ'mat]
Presidente (m) da Câmara	borgermester (m)	[bɔrgər'mɛstər]
xerife (m)	sheriff (m)	[ʂɛ'rif]

imperador (m)	keiser (m)	['kæjsər]
czar (m)	tsar (m)	['tsar]
faraó (m)	farao (m)	['farau]
cã, khan (m)	khan (m)	['kan]

118. Violação da lei. Criminosos. Parte 1

bandido (m)	banditt (m)	[ban'dit]
crime (m)	forbrytelse (m)	[fɔr'brytəlsə]
criminoso (m)	forbryter (m)	[fɔr'brytər]
ladrão (m)	tyv (m)	['tyv]
roubar (vt)	å stjele	[ɔ 'stjelə]
raptar, sequestrar (vt)	å kidnappe	[ɔ 'kid,nɛpə]
sequestro (m)	kidnapping (m)	['kid,nɛpiŋ]
sequestrador (m)	kidnapper (m)	['kid,nɛpər]
resgate (m)	løsepenger (m pl)	['løsə,pɛŋər]
pedir resgate	å kreve løsepenger	[ɔ 'krevə 'løsə,pɛŋər]
roubar (vt)	å rane	[ɔ 'ranə]
assalto, roubo (m)	ran (n)	['ran]
assaltante (m)	raner (m)	['ranər]
extorquir (vt)	å presse ut	[ɔ 'prɛsə ʉt]
extorsionário (m)	utpresser (m)	['ʉt,prɛsər]
extorsão (f)	utpressing (m/f)	['ʉt,prɛsiŋ]
matar, assassinar (vt)	å myrde	[ɔ 'mʏːdə]
homicídio (m)	mord (n)	['mʊr]
homicida, assassino (m)	morder (m)	['mʊrdər]
tiro (m)	skudd (n)	['skʉd]
dar um tiro	å skyte av	[ɔ 'ʂytə aː]
matar a tiro	å skyte ned	[ɔ 'ʂytə ne]
disparar, atirar (vi)	å skyte	[ɔ 'ʂytə]
tiroteio (m)	skyting, skytning (m/f)	['ʂytiŋ], ['ʂytniŋ]
incidente (m)	hendelse (m)	['hɛndəlsə]
briga (~ de rua)	slagsmål (n)	['ʂlaks,mol]
Socorro!	Hjelp!	['jɛlp]
vítima (f)	offer (n)	['ɔfər]
danificar (vt)	å skade	[ɔ 'skadə]
dano (m)	skade (m)	['skadə]
cadáver (m)	lik (n)	['lik]
grave (adj)	alvorlig	[al'vɔːli̯]
atacar (vt)	å anfalle	[ɔ 'an,falə]
bater (espancar)	å slå	[ɔ 'ʂlɔ]
espancar (vt)	å klå opp	[ɔ 'klɔ ɔp]
tirar, roubar (dinheiro)	å berøve	[ɔ be'røvə]
esfaquear (vt)	å stikke i hjel	[ɔ 'stikə i 'jel]
mutilar (vt)	å lemleste	[ɔ 'lem,lestə]
ferir (vt)	å såre	[ɔ 'soːrə]
chantagem (f)	utpressing (m/f)	['ʉt,prɛsiŋ]
chantagear (vt)	å utpresse	[ɔ 'ʉt,prɛsə]
chantagista (m)	utpresser (m)	['ʉt,prɛsər]

116

extorsão (f)	**utpressing** (m/f)	['ʉtˌprɛsiŋ]
extorsionário (m)	**utpresser** (m)	['ʉtˌprɛsər]
gângster (m)	**gangster** (m)	['gɛŋstər]
máfia (f)	**mafia** (m)	['mɑfiɑ]
punguista (m)	**lommetyv** (m)	['lʊməˌtyv]
assaltante, ladrão (m)	**innbruddstyv** (m)	['inbrʉdsˌtyv]
contrabando (m)	**smugling** (m/f)	['smʉgliŋ]
contrabandista (m)	**smugler** (m)	['smʉglər]
falsificação (f)	**forfalskning** (m/f)	[fɔr'falskniŋ]
falsificar (vt)	**å forfalske**	[ɔ fɔr'falskə]
falsificado (adj)	**falsk**	['falsk]

119. Violação da lei. Criminosos. Parte 2

estupro (m)	**voldtekt** (m)	['vɔlˌtɛkt]
estuprar (vt)	**å voldta**	[ɔ 'vɔlˌtɑ]
estuprador (m)	**voldtektsmann** (m)	['vɔlˌtɛkts mɑn]
maníaco (m)	**maniker** (m)	['mɑnikər]
prostituta (f)	**prostituert** (m)	[prʊstitʉ'eːt]
prostituição (f)	**prostitusjon** (m)	[prʊstitʉ'şʊn]
cafetão (m)	**hallik** (m)	['hɑlik]
drogado (m)	**narkoman** (m)	[nɑrkʊ'mɑn]
traficante (m)	**narkolanger** (m)	['nɑrkɔˌlɑŋər]
explodir (vt)	**å sprenge**	[ɔ 'sprɛŋə]
explosão (f)	**eksplosjon** (m)	[ɛksplʊ'şʊn]
incendiar (vt)	**å sette fyr**	[ɔ 'sɛtə ˌfyr]
incendiário (m)	**brannstifter** (m)	['brɑnˌstiftər]
terrorismo (m)	**terrorisme** (m)	[tɛrʊ'rismə]
terrorista (m)	**terrorist** (m)	[tɛrʊ'rist]
refém (m)	**gissel** (m)	['jisəl]
enganar (vt)	**å bedra**	[ɔ be'drɑ]
engano (m)	**bedrag** (n)	[be'drɑg]
vigarista (m)	**bedrager, svindler** (m)	[be'drɑgər], ['svindlər]
subornar (vt)	**å bestikke**	[ɔ be'stikə]
suborno (atividade)	**bestikkelse** (m)	[be'stikəlsə]
suborno (dinheiro)	**bestikkelse** (m)	[be'stikəlsə]
veneno (m)	**gift** (m/f)	['jift]
envenenar (vt)	**å forgifte**	[ɔ fɔr'jiftə]
envenenar-se (vr)	**å forgifte seg selv**	[ɔ fɔr'jiftə sæj sɛl]
suicídio (m)	**selvmord** (n)	['sɛlˌmʊr]
suicida (m)	**selvmorder** (m)	['sɛlˌmʊrdər]
ameaçar (vt)	**å true**	[ɔ 'trʉə]
ameaça (f)	**trussel** (m)	['trʉsəl]

atentar contra a vida de ...	å begå mordforsøk	[ɔ be'gɔ 'mʊrdfɔˌsøk]
atentado (m)	mordforsøk (n)	['mʊrdfɔˌsøk]
roubar (um carro)	å stjele	[ɔ 'stjelə]
sequestrar (um avião)	å kapre	[ɔ 'kɑprə]
vingança (f)	hevn (m)	['hɛvn]
vingar (vt)	å hevne	[ɔ 'hɛvnə]
torturar (vt)	å torturere	[ɔ tɔ:[ʉ'rerə]
tortura (f)	tortur (m)	[tɔ:'tʉr]
atormentar (vt)	å plage	[ɔ 'plɑgə]
pirata (m)	pirat, sjørøver (m)	['pi'rɑt], ['ʂøˌrøvər]
desordeiro (m)	bølle (m)	['bølə]
armado (adj)	bevæpnet	[be'væpnət]
violência (f)	vold (m)	['vɔl]
ilegal (adj)	illegal	['ileˌgɑl]
espionagem (f)	spionasje (m)	[spiʊ'nɑʂə]
espionar (vi)	å spionere	[ɔ spiʊ'nerə]

120. Polícia. Lei. Parte 1

justiça (sistema de ~)	justis (m), rettspleie (m/f)	['jʉ'stis], ['rɛtsˌplæje]
tribunal (m)	rettssal (m)	['rɛtsˌsɑl]
juiz (m)	dommer (m)	['dɔmər]
jurados (m pl)	lagrettemedlemmer (n pl)	['lɑgˌrɛtə medle'mer]
tribunal (m) do júri	lagrette, juryordning (m)	['lɑgˌrɛtə], ['jʉriˌɔrdniŋ]
julgar (vt)	å dømme	[ɔ 'dœmə]
advogado (m)	advokat (m)	[ɑdvʊ'kɑt]
réu (m)	anklaget (m)	['ɑnˌklɑget]
banco (m) dos réus	anklagebenk (m)	[ɑn'klɑgəˌbɛnk]
acusação (f)	anklage (m)	['ɑnˌklɑgə]
acusado (m)	anklagede (m)	['ɑnˌklɑgedə]
sentença (f)	dom (m)	['dɔm]
sentenciar (vt)	å dømme	[ɔ 'dœmə]
culpado (m)	skyldige (m)	['ʂyldiə]
punir (vt)	å straffe	[ɔ 'strɑfə]
punição (f)	straff, avstraffelse (m)	['strɑf], ['ɑfˌstrɑfəlsə]
multa (f)	bot (m/f)	['bʊt]
prisão (f) perpétua	livsvarig fengsel (n)	['lifsˌvari 'fɛŋsəl]
pena (f) de morte	dødsstraff (m/f)	['dødˌstrɑf]
cadeira (f) elétrica	elektrisk stol (m)	[ɛ'lektrisk ˌstʊl]
forca (f)	galge (m)	['gɑlgə]
executar (vt)	å henrette	[ɔ 'hɛnˌrɛtə]
execução (f)	henrettelse (m)	['hɛnˌrɛtəlsə]

prisão (f)	fengsel (n)	['fɛŋsəl]
cela (f) de prisão	celle (m)	['sɛlə]

escolta (f)	eskorte (m)	[ɛs'kɔ:ʈə]
guarda (m) prisional	fangevokter (m)	['faŋəˌvɔktər]
preso, prisioneiro (m)	fange (m)	['faŋə]

algemas (f pl)	håndjern (n pl)	['hɔnˌjæːɳ]
algemar (vt)	å sette håndjern	[ɔ 'sɛtə 'hɔnˌjæːɳ]

fuga, evasão (f)	flykt (m/f)	['flʏkt]
fugir (vi)	å flykte, å rømme	[ɔ 'flʏktə], [ɔ 'rœmə]
desaparecer (vi)	å forsvinne	[ɔ fɔ'ʂvinə]
soltar, libertar (vt)	å løslate	[ɔ 'løsˌlatə]
anistia (f)	amnesti (m)	[amnɛ'sti]

polícia (instituição)	politi (n)	[puli'ti]
polícia (m)	politi (m)	[puli'ti]
delegacia (f) de polícia	politistasjon (m)	[puli'tiˌsta'ʂun]
cassetete (m)	gummikølle (m/f)	['gumiˌkølə]
megafone (m)	megafon (m)	[mega'fun]

carro (m) de patrulha	patruljebil (m)	[pɑ'trʉljəˌbil]
sirene (f)	sirene (m/f)	[si'renə]
ligar a sirene	å slå på sirenen	[ɔ 'ʂlɔ pɔ si'renən]
toque (m) da sirene	sirene hyl (n)	[si'renə ˌhyl]

cena (f) do crime	åsted (n)	['ɔsted]
testemunha (f)	vitne (n)	['vitnə]
liberdade (f)	frihet (m)	['friˌhet]
cúmplice (m)	medskyldig (m)	['mɛˌʂyldi]
escapar (vi)	å flykte	[ɔ 'flʏktə]
traço (não deixar ~s)	spor (n)	['spur]

121. Polícia. Lei. Parte 2

procura (f)	ettersøking (m/f)	['ɛtəˌsøkiŋ]
procurar (vt)	å søke etter ...	[ɔ 'søkə ˌɛtər ...]
suspeita (f)	mistanke (m)	['misˌtankə]
suspeito (adj)	mistenkelig	[mis'tɛnkəli]
parar (veículo, etc.)	å stoppe	[ɔ 'stɔpə]
deter (fazer parar)	å anholde	[ɔ 'anˌhɔlə]

caso (~ criminal)	sak (m/f)	['sak]
investigação (f)	etterforskning (m/f)	['ɛtərˌfɔʂkniŋ]
detetive (m)	detektiv (m)	[detɛk'tiv]
investigador (m)	etterforsker (m)	['ɛtərˌfɔʂkər]
versão (f)	versjon (m)	[væ'ʂun]

motivo (m)	motiv (n)	[mu'tiv]
interrogatório (m)	forhør (n)	[for'hør]
interrogar (vt)	å forhøre	[ɔ for'hørə]
questionar (vt)	å avhøre	[ɔ 'avˌhørə]
verificação (f)	sjekking (m/f)	['ʂɛkiŋ]

batida (f) policial	rassia, razzia (m)	['rɑsiɑ]
busca (f)	ransakelse (m)	['ranˌsakəlsə]
perseguição (f)	jakt (m/f)	['jakt]
perseguir (vt)	å forfølge	[ɔ forˈføːlə]
seguir, rastrear (vt)	å spore	[ɔ 'spʊrə]

prisão (f)	arrest (m)	[ɑ'rɛst]
prender (vt)	å arrestere	[ɔ ɑrɛ'sterə]
pegar, capturar (vt)	å fange	[ɔ 'faŋə]
captura (f)	pågripelse (m)	['pɔˌgripəlsə]

documento (m)	dokument (n)	[dɔkʉ'mɛnt]
prova (f)	bevis (n)	[be'vis]
provar (vt)	å bevise	[ɔ be'visə]
pegada (f)	fotspor (n)	['fʊtˌspʊr]
impressões (f pl) digitais	fingeravtrykk (n pl)	['fiŋərˌavtrʏk]
prova (f)	bevis (n)	[be'vis]

álibi (m)	alibi (n)	['ɑlibi]
inocente (adj)	uskyldig	[ʉ'syldi]
injustiça (f)	urettferdighet (m)	['ʉrɛtfærdiˌhet]
injusto (adj)	urettferdig	['ʉrɛtˌfærdi]

criminal (adj)	kriminell	[krimi'nɛl]
confiscar (vt)	å konfiskere	[ɔ kʊnfi'skerə]
droga (f)	narkotika (m)	[nɑr'kɔtikɑ]
arma (f)	våpen (n)	['vɔpən]
desarmar (vt)	å avvæpne	[ɔ 'avˌvæpnə]
ordenar (vt)	å befale	[ɔ be'falə]
desaparecer (vi)	å forsvinne	[ɔ fo'ʂvinə]

lei (f)	lov (m)	['lɔv]
legal (adj)	lovlig	['lɔvli]
ilegal (adj)	ulovlig	[ʉ'lɔvli]

| responsabilidade (f) | ansvar (n) | ['anˌsvar] |
| responsável (adj) | ansvarlig | [ans'vaːli] |

NATUREZA

A Terra. Parte 1

122. Espaço sideral

espaço, cosmo (m)	rommet, kosmos (n)	['rʊmə], ['kɔsmɔs]
espacial, cósmico (adj)	rom-	['rʊm-]
espaço (m) cósmico	ytre rom (n)	['ytrə ˌrʊm]
mundo (m)	verden (m)	['værdən]
universo (m)	univers (n)	[ʉni'væʂ]
galáxia (f)	galakse (m)	[gɑ'lɑksə]
estrela (f)	stjerne (m/f)	['stjæːŋə]
constelação (f)	stjernebilde (n)	['stjæːŋəˌbildə]
planeta (m)	planet (m)	[plɑ'net]
satélite (m)	satellitt (m)	[sɑtɛ'lit]
meteorito (m)	meteoritt (m)	[meteʊ'rit]
cometa (m)	komet (m)	[kʊ'met]
asteroide (m)	asteroide (n)	[ɑsterʊ'idə]
órbita (f)	bane (m)	['bɑnə]
girar (vi)	å rotere	[ɔ rɔ'terə]
atmosfera (f)	atmosfære (m)	[ɑtmʊ'sfærə]
Sol (m)	Solen	['sʊlən]
Sistema (m) Solar	solsystem (n)	['sʊl sʏ'stem]
eclipse (m) solar	solformørkelse (m)	['sʊl fɔr'mœrkəlsə]
Terra (f)	Jorden	['juːrən]
Lua (f)	Månen	['moːnən]
Marte (m)	Mars	['mɑʂ]
Vênus (f)	Venus	['venʉs]
Júpiter (m)	Jupiter	['jʉpitər]
Saturno (m)	Saturn	['sɑˌtʉːn]
Mercúrio (m)	Merkur	[mær'kʉr]
Urano (m)	Uranus	[ʉ'rɑnʉs]
Netuno (m)	Neptun	[nɛp'tʉn]
Plutão (m)	Pluto	['plʉtʊ]
Via Láctea (f)	Melkeveien	['mɛlkəˌvæjən]
Ursa Maior (f)	den Store Bjørn	['dən 'stʊrə ˌbjœːŋ]
Estrela Polar (f)	Nordstjernen, Polaris	['nʊːrˌstjæːŋən], [pɔ'laris]
marciano (m)	marsbeboer (m)	['mɑʂˌbebʊər]
extraterrestre (m)	utenomjordisk vesen (n)	['ʉtənɔmjuːrdisk 'vesən]

alienígena (m)	romvesen (n)	['rʊmˌvesən]
disco (m) voador	flygende tallerken (m)	['flygenə tɑ'lærkən]
espaçonave (f)	romskip (n)	['rʊmˌʂip]
estação (f) orbital	romstasjon (m)	['rʊmˌstɑ'ʂʊn]
lançamento (m)	start (m), oppskyting (m/f)	['stɑːt], ['ɔpˌʂytiŋ]
motor (m)	motor (m)	['mɔtʊr]
bocal (m)	dyse (m)	['dysə]
combustível (m)	brensel (n), drivstoff (n)	['brɛnsəl], ['drifˌstɔf]
cabine (f)	cockpit (m), flydekk (n)	['kɔkpit], ['flyˌdɛk]
antena (f)	antenne (m)	[ɑn'tɛnə]
vigia (f)	koøye (n)	['kʊˌøjə]
bateria (f) solar	solbatteri (n)	['sʊl batɛ'ri]
traje (m) espacial	romdrakt (m/f)	['rʊmˌdrɑkt]
imponderabilidade (f)	vektløshet (m/f)	['vɛktløsˌhet]
oxigênio (m)	oksygen (n)	['ɔksy'gen]
acoplagem (f)	dokking (m/f)	['dɔkiŋ]
fazer uma acoplagem	å dokke	[ɔ 'dɔkə]
observatório (m)	observatorium (n)	[ɔbsərvɑ'tʊrium]
telescópio (m)	teleskop (n)	[tele'skʊp]
observar (vt)	å observere	[ɔ ɔbsɛr'verə]
explorar (vt)	å utforske	[ɔ 'ʉtˌføʂkə]

123. A Terra

Terra (f)	Jorden	['juːrən]
globo terrestre (Terra)	jordklode (m)	['juːrˌklɔdə]
planeta (m)	planet (m)	[plɑ'net]
atmosfera (f)	atmosfære (m)	[atmʊ'sfærə]
geografia (f)	geografi (m)	[geʊgrɑ'fi]
natureza (f)	natur (m)	[nɑ'tʉr]
globo (mapa esférico)	globus (m)	['glɔbʉs]
mapa (m)	kart (n)	['kɑːt]
atlas (m)	atlas (n)	['ɑtlɑs]
Europa (f)	Europa	[ɛʉ'rʊpa]
Ásia (f)	Asia	['ɑsia]
África (f)	Afrika	['ɑfrika]
Austrália (f)	Australia	[aʊ'stralia]
América (f)	Amerika	[ɑ'merika]
América (f) do Norte	Nord-Amerika	['nʊːr ɑ'merika]
América (f) do Sul	Sør-Amerika	['sør ɑ'merika]
Antártida (f)	Antarktis	[ɑn'tarktis]
Ártico (m)	Arktis	['arktis]

124. Pontos cardeais

norte (m)	nord (n)	['nuːr]
para norte	mot nord	[mʊt 'nuːr]
no norte	i nord	[i 'nuːr]
do norte (adj)	nordlig	['nuːrli]
sul (m)	syd, sør	['syd], ['sør]
para sul	mot sør	[mʊt 'sør]
no sul	i sør	[i 'sør]
do sul (adj)	sydlig, sørlig	['sydli], ['søːl̩i]
oeste, ocidente (m)	vest (m)	['vɛst]
para oeste	mot vest	[mʊt 'vɛst]
no oeste	i vest	[i 'vɛst]
ocidental (adj)	vestlig, vest-	['vɛstli]
leste, oriente (m)	øst (m)	['øst]
para leste	mot øst	[mʊt 'øst]
no leste	i øst	[i 'øst]
oriental (adj)	østlig	['østli]

125. Mar. Oceano

mar (m)	hav (n)	['hɑv]
oceano (m)	verdenshav (n)	[værdəns'hɑv]
golfo (m)	bukt (m/f)	['bʉkt]
estreito (m)	sund (n)	['sʉn]
terra (f) firme	fastland (n)	['fɑst̩lɑn]
continente (m)	fastland, kontinent (n)	['fɑst̩lɑn], [kʊnti'nɛnt]
ilha (f)	øy (m/f)	['øj]
península (f)	halvøy (m/f)	['hɑl̩øːj]
arquipélago (m)	skjærgård (m), arkipelag (n)	['ʂær̩gor], [ɑrkipe'lɑg]
baía (f)	bukt (m/f)	['bʉkt]
porto (m)	havn (m/f)	['hɑvn]
lagoa (f)	lagune (m)	[lɑ'gʉnə]
cabo (m)	nes (n), kapp (n)	['nes], ['kɑp]
atol (m)	atoll (m)	[ɑ'tɔl]
recife (m)	rev (n)	['rev]
coral (m)	korall (m)	[kʊ'rɑl]
recife (m) de coral	korallrev (n)	[kʊ'rɑl̩rɛv]
profundo (adj)	dyp	['dyp]
profundidade (f)	dybde (m)	['dʏbdə]
abismo (m)	avgrunn (m)	['ɑv̩grʉn]
fossa (f) oceânica	dyphavsgrop (m/f)	['dyphɑfs̩grɔp]
corrente (f)	strøm (m)	['strøm]
banhar (vt)	å omgi	[ɔ 'ɔm̩ji]
litoral (m)	kyst (m)	['çyst]

costa (f)	kyst (m)	['çʏst]
maré (f) alta	flo (m/f)	['flʊ]
refluxo (m)	ebbe (m), fjære (m/f)	['ɛbə], ['fjærə]
restinga (f)	sandbanke (m)	['sɑnˌbɑnkə]
fundo (m)	bunn (m)	['bʉn]

onda (f)	bølge (m)	['bølgə]
crista (f) da onda	bølgekam (m)	['bølgəˌkɑm]
espuma (f)	skum (n)	['skʉm]

tempestade (f)	storm (m)	['stɔrm]
furacão (m)	orkan (m)	[ɔr'kɑn]
tsunami (m)	tsunami (m)	[tsʉ'nɑmi]
calmaria (f)	stille (m/f)	['stilə]
calmo (adj)	stille	['stilə]

polo (m)	pol (m)	['pʊl]
polar (adj)	pol-, polar	['pʊl-], [pʊ'lɑr]

latitude (f)	bredde, latitude (m)	['brɛdə], ['lɑtiˌtʉdə]
longitude (f)	lengde (m/f)	['leŋdə]
paralela (f)	breddegrad (m)	['brɛdəˌgrɑd]
equador (m)	ekvator (m)	[ɛ'kvɑtʊr]

céu (m)	himmel (m)	['himəl]
horizonte (m)	horisont (m)	[hʉri'sɔnt]
ar (m)	luft (f)	['lʉft]

farol (m)	fyr (n)	['fyr]
mergulhar (vi)	å dykke	[ɔ 'dʏkə]
afundar-se (vr)	å synke	[ɔ 'sʏnkə]
tesouros (m pl)	skatter (m pl)	['skɑtər]

126. Nomes de Mares e Oceanos

Oceano (m) Atlântico	Atlanterhavet	[ɑt'lɑntərˌhɑve]
Oceano (m) Índico	Indiahavet	['indiɑˌhɑve]
Oceano (m) Pacífico	Stillehavet	['stiləˌhɑve]
Oceano (m) Ártico	Polhavet	['pɔlˌhɑve]

Mar (m) Negro	Svartehavet	['svɑːʈəˌhɑve]
Mar (m) Vermelho	Rødehavet	['rødəˌhɑve]
Mar (m) Amarelo	Gulehavet	['gʉləˌhɑve]
Mar (m) Branco	Kvitsjøen, Hvitehavet	['kvitˌʂøːn], ['vitˌhɑve]

Mar (m) Cáspio	Kaspihavet	['kɑspiˌhɑve]
Mar (m) Morto	Dødehavet	['dødə'hɑve]
Mar (m) Mediterrâneo	Middelhavet	['midəlˌhɑve]

Mar (m) Egeu	Egeerhavet	[ɛ'geːərˌhɑve]
Mar (m) Adriático	Adriahavet	['ɑdriɑˌhɑve]

Mar (m) Arábico	Arabiahavet	[ɑ'rɑbiɑˌhɑve]
Mar (m) do Japão	Japanhavet	['jɑpɑnˌhɑve]

| Mar (m) de Bering | Beringhavet | ['berin,have] |
| Mar (m) da China Meridional | Sør-Kina-havet | ['sør,çina 'have] |

Mar (m) de Coral	Korallhavet	[kʊ'ral,have]
Mar (m) de Tasman	Tasmanhavet	[tas'man,have]
Mar (m) do Caribe	Karibhavet	[ka'rib,have]

| Mar (m) de Barents | Barentshavet | ['barɛns,have] |
| Mar (m) de Kara | Karahavet | ['kara,have] |

Mar (m) do Norte	Nordsjøen	['nʊːr,ʂøːn]
Mar (m) Báltico	Østersjøen	['østə,ʂøːn]
Mar (m) da Noruega	Norskehavet	['nɔʂkə,have]

127. Montanhas

montanha (f)	fjell (n)	['fjɛl]
cordilheira (f)	fjellkjede (m)	['fjɛl,çɛːdə]
serra (f)	fjellrygg (m)	['fjɛl,rʏg]

cume (m)	topp (m)	['tɔp]
pico (m)	tind (m)	['tin]
pé (m)	fot (m)	['fʊt]
declive (m)	skråning (m)	['skrɔnin]

vulcão (m)	vulkan (m)	[vʉl'kan]
vulcão (m) ativo	virksom vulkan (m)	['virksɔm vʉl'kan]
vulcão (m) extinto	utslukt vulkan (m)	['ʉt,slʉkt vʉl'kan]

erupção (f)	utbrudd (n)	['ʉt,brʉd]
cratera (f)	krater (n)	['kratər]
magma (m)	magma (m/n)	['magma]
lava (f)	lava (m)	['lava]
fundido (lava ~a)	glødende	['glødenə]

cânion, desfiladeiro (m)	canyon (m)	['kanjən]
garganta (f)	gjel (n), kløft (m)	['jel], ['klœft]
fenda (f)	renne (m/f)	['rɛnə]
precipício (m)	avgrunn (m)	['av,grʉn]

passo, colo (m)	pass (n)	['pas]
planalto (m)	platå (n)	[pla'to]
falésia (f)	klippe (m)	['klipə]
colina (f)	ås (m)	['ɔs]

geleira (f)	bre, jøkel (m)	['bre], ['jøkəl]
cachoeira (f)	foss (m)	['fɔs]
gêiser (m)	geysir (m)	['gɛjsir]
lago (m)	innsjø (m)	['in'ʂø]

planície (f)	slette (m/f)	['ʂletə]
paisagem (f)	landskap (n)	['lan,skap]
eco (m)	ekko (n)	['ɛkʊ]
alpinista (m)	alpinist (m)	[alpi'nist]

escalador (m)	fjellklatrer (m)	['fjɛl‚klɑtrər]
conquistar (vt)	å erobre	[ɔ ɛ'rʉbrə]
subida, escalada (f)	bestigning (m/f)	[be'stigniŋ]

128. Nomes de montanhas

Alpes (m pl)	Alpene	['ɑlpenə]
Monte Branco (m)	Mont Blanc	[‚mɔn'blɑn]
Pirineus (m pl)	Pyreneene	[pyre'ne:ənə]

Cárpatos (m pl)	Karpatene	[kar'patenə]
Urais (m pl)	Uralfjellene	[ʉ'ral ‚fjɛlenə]
Cáucaso (m)	Kaukasus	['kaʉkasʉs]
Elbrus (m)	Elbrus	[ɛl'brʉs]

Altai (m)	Altaj	[al'taj]
Tian Shan (m)	Tien Shan	[ti'en‚san]
Pamir (m)	Pamir	[pa'mir]
Himalaia (m)	Himalaya	[hima'laja]
monte Everest (m)	Everest	['ɛve'rɛst]

| Cordilheira (f) dos Andes | Andes | ['andəs] |
| Kilimanjaro (m) | Kilimanjaro | [kiliman'dʂarʉ] |

129. Rios

rio (m)	elv (m/f)	['ɛlv]
fonte, nascente (f)	kilde (m)	['çildə]
leito (m) de rio	elveleie (n)	['ɛlvə‚læje]
bacia (f)	flodbasseng (n)	['flʉd ba‚seŋ]
desaguar no …	å munne ut …	[ɔ 'mʉnə ʉt …]

| afluente (m) | bielv (m/f) | ['bi‚elv] |
| margem (do rio) | bredd (m) | ['brɛd] |

corrente (f)	strøm (m)	['strøm]
rio abaixo	medstrøms	['me‚strøms]
rio acima	motstrøms	['mʉt‚strøms]

inundação (f)	oversvømmelse (m)	['ɔvə‚svœməlsə]
cheia (f)	flom (m)	['flɔm]
transbordar (vi)	å overflø	[ɔ 'ɔvər‚flø]
inundar (vt)	å oversvømme	[ɔ 'ɔvə‚svœmə]

| banco (m) de areia | grunne (m/f) | ['grʉnə] |
| corredeira (f) | stryk (m/n) | ['stryk] |

barragem (f)	demning (m)	['dɛmniŋ]
canal (m)	kanal (m)	[ka'nal]
reservatório (m) de água	reservoar (n)	[resɛrvʉ'ar]
eclusa (f)	sluse (m)	['ʂlʉsə]
corpo (m) de água	vannmasse (m)	['van‚masə]

pântano (m)	myr, sump (m)	['myr], ['sʉmp]
lamaçal (m)	hengemyr (m)	['hɛŋeˌmyr]
redemoinho (m)	virvel (m)	['virvəl]

riacho (m)	bekk (m)	['bɛk]
potável (adj)	drikke-	['drikə-]
doce (água)	fersk-	['fæʂk-]

gelo (m)	is (m)	['is]
congelar-se (vr)	å fryse til	[ɔ 'frysə til]

130. Nomes de rios

rio Sena (m)	Seine	['sɛːn]
rio Loire (m)	Loire	[lu'ɑːr]

rio Tâmisa (m)	Themsen	['tɛmsən]
rio Reno (m)	Rhinen	['riːnən]
rio Danúbio (m)	Donau	['dɔnaʊ]

rio Volga (m)	Volga	['vɔlgɑ]
rio Don (m)	Don	['dɔn]
rio Lena (m)	Lena	['lenɑ]

rio Amarelo (m)	Huang He	[ˌhwɑn'hɛ]
rio Yangtzé (m)	Yangtze	['jaŋtse]
rio Mekong (m)	Mekong	[me'kɔŋ]
rio Ganges (m)	Ganges	['gɑŋes]

rio Nilo (m)	Nilen	['nilən]
rio Congo (m)	Kongo	['kɔŋgʊ]
rio Cubango (m)	Okavango	[ʊka'vangʊ]
rio Zambeze (m)	Zambezi	[sɑm'besi]
rio Limpopo (m)	Limpopo	[limpɔ'pɔ]
rio Mississippi (m)	Mississippi	['misi'sipi]

131. Floresta

floresta (f), bosque (m)	skog (m)	['skʊg]
florestal (adj)	skog-	['skʊg-]

mata (f) fechada	tett skog (n)	['tɛt ˌskʊg]
arvoredo (m)	lund (m)	['lʉn]
clareira (f)	glenne (m/f)	['glenə]

matagal (m)	krattskog (m)	['krɑtˌskʊg]
mato (m), caatinga (f)	kratt (n)	['krɑt]

pequena trilha (f)	sti (m)	['sti]
ravina (f)	ravine (m)	[rɑ'vinə]
árvore (f)	tre (n)	['trɛ]
folha (f)	blad (n)	['blɑ]

folhagem (f)	løv (n)	['løv]
queda (f) das folhas	løvfall (n)	['løv,fal]
cair (vi)	å falle	[ɔ 'falə]
topo (m)	tretopp (m)	['trɛ,tɔp]

ramo (m)	kvist, gren (m)	['kvist], ['gren]
galho (m)	gren, grein (m/f)	['gren], ['græjn]
botão (m)	knopp (m)	['knɔp]
agulha (f)	nål (m/f)	['nɔl]
pinha (f)	kongle (m/f)	['kʊŋlə]

buraco (m) de árvore	trehull (n)	['trɛ,hʉl]
ninho (m)	reir (n)	['ræjr]
toca (f)	hule (m/f)	['hʉlə]

tronco (m)	stamme (m)	['stamə]
raiz (f)	rot (m/f)	['rʊt]
casca (f) de árvore	bark (m)	['bark]
musgo (m)	mose (m)	['mʊsə]

arrancar pela raiz	å rykke opp med roten	[ɔ 'rʏkə ɔp me 'rutən]
cortar (vt)	å felle	[ɔ 'fɛlə]
desflorestar (vt)	å hogge ned	[ɔ 'hɔgə 'ne]
toco, cepo (m)	stubbe (m)	['stʉbə]

fogueira (f)	bål (n)	['bɔl]
incêndio (m) florestal	skogbrann (m)	['skʊg,bran]
apagar (vt)	å slokke	[ɔ 'ʂløkə]

guarda-parque (m)	skogvokter (m)	['skʊg,vɔktər]
proteção (f)	vern (n), beskyttelse (m)	['væ:ɳ], ['be'ʂytəlsə]
proteger (a natureza)	å beskytte	[ɔ be'ʂytə]
caçador (m) furtivo	tyvskytter (m)	['tyf,ʂytər]
armadilha (f)	saks (m/f)	['saks]

| colher (cogumelos, bagas) | å plukke | [ɔ 'plʉkə] |
| perder-se (vr) | å gå seg vill | [ɔ 'gɔ sæj 'vil] |

132. Recursos naturais

recursos (m pl) naturais	naturressurser (m pl)	[na'tʉr rɛ'sʉʂər]
minerais (m pl)	mineraler (n pl)	[minə'ralər]
depósitos (m pl)	forekomster (m pl)	['fɔrə,kɔmstər]
jazida (f)	felt (m)	['fɛlt]

extrair (vt)	å utvinne	[ɔ 'ʉt,vinə]
extração (f)	utvinning (m/f)	['ʉt,viniŋ]
minério (m)	malm (m)	['malm]
mina (f)	gruve (m/f)	['grʉvə]
poço (m) de mina	gruvesjakt (m/f)	['grʉvə,ʂakt]
mineiro (m)	gruvearbeider (m)	['grʉvə'ar,bæjdər]

| gás (m) | gass (m) | ['gas] |
| gasoduto (m) | gassledning (m) | ['gas,ledniŋ] |

petróleo (m)	olje (m)	['ɔljə]
oleoduto (m)	oljeledning (m)	['ɔljə͵lednin]
poço (m) de petróleo	oljebrønn (m)	['ɔljə͵brœn]
torre (f) petrolífera	boretårn (n)	['boːrə͵tɔːn]
petroleiro (m)	tankskip (n)	['tank͵ʂip]

areia (f)	sand (m)	['sɑn]
calcário (m)	kalkstein (m)	['kɑlk͵stæjn]
cascalho (m)	grus (m)	['grʉs]
turfa (f)	torv (m/f)	['tɔrv]
argila (f)	leir (n)	['læjr]
carvão (m)	kull (n)	['kʉl]

ferro (m)	jern (n)	['jæːn]
ouro (m)	gull (n)	['gʉl]
prata (f)	sølv (n)	['søl]
níquel (m)	nikkel (m)	['nikəl]
cobre (m)	kobber (n)	['kɔbər]

zinco (m)	sink (m/n)	['sink]
manganês (m)	mangan (m/n)	[mɑ'ŋɑn]
mercúrio (m)	kvikksølv (n)	['kvik͵søl]
chumbo (m)	bly (n)	['bly]

mineral (m)	mineral (n)	[minə'rɑl]
cristal (m)	krystall (m/n)	[kry'stɑl]
mármore (m)	marmor (m/n)	['mɑrmʊr]
urânio (m)	uran (m/n)	[ʉ'rɑn]

A Terra. Parte 2

133. Tempo

tempo (m)	vær (n)	['vær]
previsão (f) do tempo	værvarsel (n)	['vær‚vaʂəl]
temperatura (f)	temperatur (m)	[tɛmpəra'tʉr]
termômetro (m)	termometer (n)	[tɛrmʉ'metər]
barômetro (m)	barometer (n)	[barʉ'metər]
úmido (adj)	fuktig	['fʉkti]
umidade (f)	fuktighet (m)	['fʉkti‚het]
calor (m)	hete (m)	['he:tə]
tórrido (adj)	het	['het]
está muito calor	det er hett	[de ær 'het]
está calor	det er varmt	[de ær 'varmt]
quente (morno)	varm	['varm]
está frio	det er kaldt	[de ær 'kalt]
frio (adj)	kald	['kal]
sol (m)	sol (m/f)	['sʉl]
brilhar (vi)	å skinne	[ɔ 'ʂinə]
de sol, ensolarado	solrik	['sʉl‚rik]
nascer (vi)	å gå opp	[ɔ 'gɔ ɔp]
pôr-se (vr)	å gå ned	[ɔ 'gɔ ne]
nuvem (f)	sky (m)	['ʂy]
nublado (adj)	skyet	['ʂy:ət]
nuvem (f) preta	regnsky (m/f)	['ræjn‚ʂy]
escuro, cinzento (adj)	mørk	['mœrk]
chuva (f)	regn (n)	['ræjn]
está a chover	det regner	[de 'ræjnər]
chuvoso (adj)	regnværs-	['ræjn‚væʂ-]
chuviscar (vi)	å småregne	[ɔ 'smo:ræjnə]
chuva (f) torrencial	piskende regn (n)	['piskenə ‚ræjn]
aguaceiro (m)	styrtregn (n)	['sty:t‚ræjn]
forte (chuva, etc.)	kraftig, sterk	['krafti], ['stærk]
poça (f)	vannpytt (m)	['van‚pʏt]
molhar-se (vr)	å bli våt	[ɔ 'bli 'vɔt]
nevoeiro (m)	tåke (m/f)	['to:kə]
de nevoeiro	tåke	['to:kə]
neve (f)	snø (m)	['snø]
está nevando	det snør	[de 'snør]

134. Tempo extremo. Catástrofes naturais

trovoada (f)	tordenvær (n)	['tʊrdən‚vær]
relâmpago (m)	lyn (n)	['lyn]
relampejar (vi)	å glimte	[ɔ 'glimtə]
trovão (m)	torden (m)	['tʊrdən]
trovejar (vi)	å tordne	[ɔ 'tʊrdnə]
está trovejando	det tordner	[de 'tʊrdnər]
granizo (m)	hagle (m/f)	['haglə]
está caindo granizo	det hagler	[de 'haglər]
inundar (vt)	å oversvømme	[ɔ 'ɔve‚svœmə]
inundação (f)	oversvømmelse (m)	['ɔve‚svœməlsə]
terremoto (m)	jordskjelv (n)	['juːr‚ʂɛlv]
abalo, tremor (m)	skjelv (n)	['ʂɛlv]
epicentro (m)	episenter (n)	[ɛpi'sɛntər]
erupção (f)	utbrudd (n)	['ʉt‚brʉd]
lava (f)	lava (m)	['lɑvɑ]
tornado (m)	skypumpe (m/f)	['ʂy‚pʉmpə]
tornado (m)	tornado (m)	[tʊːˈɳɑdʉ]
tufão (m)	tyfon (m)	[ty'fʉn]
furacão (m)	orkan (m)	[ɔr'kɑn]
tempestade (f)	storm (m)	['stɔrm]
tsunami (m)	tsunami (m)	[tsʉ'nɑmi]
ciclone (m)	syklon (m)	[sy'klun]
mau tempo (m)	uvær (n)	['ʉː‚vær]
incêndio (m)	brann (m)	['brɑn]
catástrofe (f)	katastrofe (m)	[kɑtɑ'strɔfə]
meteorito (m)	meteoritt (m)	[meteʉ'rit]
avalanche (f)	lavine (m)	[lɑ'vinə]
deslizamento (m) de neve	snøskred, snøras (n)	['snø‚skred], ['snørɑs]
nevasca (f)	snøstorm (m)	['snø‚stɔrm]
tempestade (f) de neve	snøstorm (m)	['snø‚stɔrm]

Fauna

135. Mamíferos. Predadores

predador (m)	rovdyr (n)	['rɔvˌdyr]
tigre (m)	tiger (m)	['tigər]
leão (m)	løve (m/f)	['løve]
lobo (m)	ulv (m)	['ʉlv]
raposa (f)	rev (m)	['rev]
jaguar (m)	jaguar (m)	[jagʉ'ɑr]
leopardo (m)	leopard (m)	[leʉ'pɑrd]
chita (f)	gepard (m)	[ge'pɑrd]
pantera (f)	panter (m)	['pɑntər]
puma (m)	puma (m)	['pʉmɑ]
leopardo-das-neves (m)	snøleopard (m)	['snø leʉ'pɑrd]
lince (m)	gaupe (m/f)	['gaʉpə]
coiote (m)	coyote, prærieulv (m)	[kɔ'jotə], ['præriˌʉlv]
chacal (m)	sjakal (m)	[ʂɑ'kɑl]
hiena (f)	hyene (m)	[hy'enə]

136. Animais selvagens

animal (m)	dyr (n)	['dyr]
besta (f)	best, udyr (n)	['bɛst], ['ʉˌdyr]
esquilo (m)	ekorn (n)	['ɛkʉːŋ]
ouriço (m)	pinnsvin (n)	['pinˌsvin]
lebre (f)	hare (m)	['harə]
coelho (m)	kanin (m)	[kɑ'nin]
texugo (m)	grevling (m)	['grɛvliŋ]
guaxinim (m)	vaskebjørn (m)	['vɑskəˌbjœːŋ]
hamster (m)	hamster (m)	['hamstər]
marmota (f)	murmeldyr (n)	['mʉrməlˌdyr]
toupeira (f)	muldvarp (m)	['mʉlˌvɑrp]
rato (m)	mus (m/f)	['mʉs]
ratazana (f)	rotte (m/f)	['rɔtə]
morcego (m)	flaggermus (m/f)	['flɑgərˌmʉs]
arminho (m)	røyskatt (m)	['røjskɑt]
zibelina (f)	sobel (m)	['sʉbəl]
marta (f)	mår (m)	['mɔr]
doninha (f)	snømus (m/f)	['snøˌmʉs]
visom (m)	mink (m)	['mink]

castor (m)	bever (m)	['bevər]
lontra (f)	oter (m)	['ʊtər]
cavalo (m)	hest (m)	['hɛst]
alce (m)	elg (m)	['ɛlg]
veado (m)	hjort (m)	['jɔːt]
camelo (m)	kamel (m)	[ka'mel]
bisão (m)	bison (m)	['bisɔn]
auroque (m)	urokse (m)	['ʉrˌʊksə]
búfalo (m)	bøffel (m)	['bøfəl]
zebra (f)	sebra (m)	['sebrɑ]
antílope (m)	antilope (m)	[anti'lʊpə]
corça (f)	rådyr (n)	['rɔˌdyr]
gamo (m)	dåhjort, dådyr (n)	['dɔˌjɔːt], ['dɔˌdyr]
camurça (f)	gemse (m)	['gɛmsə]
javali (m)	villsvin (n)	['vilˌsvin]
baleia (f)	hval (m)	['val]
foca (f)	sel (m)	['sel]
morsa (f)	hvalross (m)	['valˌrɔs]
urso-marinho (m)	pelssel (m)	['pɛlsˌsel]
golfinho (m)	delfin (m)	[dɛl'fin]
urso (m)	bjørn (m)	['bjœːŋ]
urso (m) polar	isbjørn (m)	['isˌbjœːŋ]
panda (m)	panda (m)	['pɑndɑ]
macaco (m)	ape (m/f)	['ɑpe]
chimpanzé (m)	sjimpanse (m)	[ʂim'pɑnsə]
orangotango (m)	orangutang (m)	[ʊ'rɑŋgʉˌtɑŋ]
gorila (m)	gorilla (m)	[gɔ'rila]
macaco (m)	makak (m)	[mɑ'kɑk]
gibão (m)	gibbon (m)	['gibʊn]
elefante (m)	elefant (m)	[ɛle'fant]
rinoceronte (m)	neshorn (n)	['nesˌhʊːŋ]
girafa (f)	sjiraff (m)	[ʂi'raf]
hipopótamo (m)	flodhest (m)	['flʊdˌhɛst]
canguru (m)	kenguru (m)	['kɛŋgʉrʉ]
coala (m)	koala (m)	[kʊ'ala]
mangusto (m)	mangust, mungo (m)	[maŋ'gʉst], ['mʉŋgu]
chinchila (f)	chinchilla (m)	[sin'ʂila]
cangambá (f)	skunk (m)	['skunk]
porco-espinho (m)	hulepinnsvin (n)	['hʉləˌpinsvin]

137. Animais domésticos

gata (f)	katt (m)	['kat]
gato (m) macho	hannkatt (m)	['hanˌkat]
cão (m)	hund (m)	['hʉŋ]

cavalo (m)	**hest** (m)	['hɛst]
garanhão (m)	**hingst** (m)	['hiŋst]
égua (f)	**hoppe, merr** (m/f)	['hɔpə], ['mɛr]
vaca (f)	**ku** (f)	['kʉ]
touro (m)	**tyr** (m)	['tyr]
boi (m)	**okse** (m)	['ɔksə]
ovelha (f)	**sau** (m)	['saʉ]
carneiro (m)	**vær, saubukk** (m)	['vær], ['saʉˌbʉk]
cabra (f)	**geit** (m/f)	['jæjt]
bode (m)	**geitebukk** (m)	['jæjtəˌbʉk]
burro (m)	**esel** (n)	['ɛsəl]
mula (f)	**muldyr** (n)	['mʉlˌdyr]
porco (m)	**svin** (n)	['svin]
leitão (m)	**gris** (m)	['gris]
coelho (m)	**kanin** (m)	[ka'nin]
galinha (f)	**høne** (m/f)	['hønə]
galo (m)	**hane** (m)	['hanə]
pata (f), pato (m)	**and** (m/f)	['an]
pato (m)	**andrik** (m)	['andrik]
ganso (m)	**gås** (m/f)	['gɔs]
peru (m)	**kalkunhane** (m)	[kal'kʉnˌhanə]
perua (f)	**kalkunhøne** (m/f)	[kal'kʉnˌhønə]
animais (m pl) domésticos	**husdyr** (n pl)	['hʉsˌdyr]
domesticado (adj)	**tam**	['tam]
domesticar (vt)	**å temme**	[ɔ 'tɛmə]
criar (vt)	**å avle, å oppdrette**	[ɔ 'avlə], [ɔ 'ɔpˌdrɛtə]
fazenda (f)	**farm, gård** (m)	['farm], ['gɔːr]
aves (f pl) domésticas	**fjærfe** (n)	['fjærˌfe]
gado (m)	**kveg** (n)	['kvɛg]
rebanho (m), manada (f)	**flokk, bøling** (m)	['flɔk], ['bøliŋ]
estábulo (m)	**stall** (m)	['stal]
chiqueiro (m)	**grisehus** (n)	['grisəˌhʉs]
estábulo (m)	**kufjøs** (m/n)	['kuˌfjøs]
coelheira (f)	**kaninbur** (n)	[ka'ninˌbʉr]
galinheiro (m)	**hønsehus** (n)	['hønsəˌhʉs]

138. Pássaros

pássaro (m), ave (f)	**fugl** (m)	['fʉl]
pombo (m)	**due** (m/f)	['dʉə]
pardal (m)	**spurv** (m)	['spʉrv]
chapim-real (m)	**kjøttmeis** (m/f)	['çœtˌmæjs]
pega-rabuda (f)	**skjære** (m/f)	['særə]
corvo (m)	**ravn** (m)	['ravn]

gralha-cinzenta (f)	kråke (m)	['kro:kə]
gralha-de-nuca-cinzenta (f)	kaie (m/f)	['kajə]
gralha-calva (f)	kornkråke (m/f)	['kʉːɳˌkroːkə]
pato (m)	and (m/f)	['ɑn]
ganso (m)	gås (m/f)	['gɔs]
faisão (m)	fasan (m)	[fɑ'sɑn]
águia (f)	ørn (m/f)	['œːɳ]
açor (m)	hauk (m)	['haʋk]
falcão (m)	falk (m)	['fɑlk]
abutre (m)	gribb (m)	['grib]
condor (m)	kondor (m)	[kʋn'dʋr]
cisne (m)	svane (m/f)	['svɑnə]
grou (m)	trane (m/f)	['trɑnə]
cegonha (f)	stork (m)	['stɔrk]
papagaio (m)	papegøye (m)	[pɑpe'gøjə]
beija-flor (m)	kolibri (m)	[kʋ'libri]
pavão (m)	påfugl (m)	['pɔˌfʉl]
avestruz (m)	struts (m)	['strʉts]
garça (f)	hegre (m)	['hæjrə]
flamingo (m)	flamingo (m)	[flɑ'mingʋ]
pelicano (m)	pelikan (m)	[peli'kɑn]
rouxinol (m)	nattergal (m)	['nɑtərˌgɑl]
andorinha (f)	svale (m/f)	['svɑlə]
tordo-zornal (m)	trost (m)	['trʋst]
tordo-músico (m)	måltrost (m)	['moːlˌtrʋst]
melro-preto (m)	svarttrost (m)	['svɑːˌtrʋst]
andorinhão (m)	tårnseiler (m), tårnsvale (m/f)	['tɔːɳˌsæjlə], ['tɔːɳˌsvɑlə]
cotovia (f)	lerke (m/f)	['lærkə]
codorna (f)	vaktel (m)	['vɑktəl]
pica-pau (m)	hakkespett (m)	['hɑkəˌspɛt]
cuco (m)	gjøk, gauk (m)	['jøk], ['gaʋk]
coruja (f)	ugle (m/f)	['ʉglə]
bufo-real (m)	hubro (m)	['hʉbrʋ]
tetraz-grande (m)	storfugl (m)	['stʋrˌfʉl]
tetraz-lira (m)	orrfugl (m)	['ɔrˌfʉl]
perdiz-cinzenta (f)	rapphøne (m/f)	['rɑpˌhønə]
estorninho (m)	stær (m)	['stær]
canário (m)	kanarifugl (m)	[kɑ'nɑriˌfʉl]
galinha-do-mato (f)	jerpe (m/f)	['jærpə]
tentilhão (m)	bokfink (m)	['bʋkˌfink]
dom-fafe (m)	dompap (m)	['dʋmpɑp]
gaivota (f)	måke (m/f)	['moːkə]
albatroz (m)	albatross (m)	['ɑlbɑˌtrɔs]
pinguim (m)	pingvin (m)	[piŋ'vin]

139. Peixes. Animais marinhos

brema (f)	brasme (m/f)	['brɑsmə]
carpa (f)	karpe (m)	['karpə]
perca (f)	åbor (m)	['obɔr]
siluro (m)	malle (m)	['malə]
lúcio (m)	gjedde (m/f)	['jɛdə]
salmão (m)	laks (m)	['laks]
esturjão (m)	stør (m)	['stør]
arenque (m)	sild (m/f)	['sil]
salmão (m) do Atlântico	atlanterhavslaks (m)	[at'lantərhafsˌlaks]
cavala, sarda (f)	makrell (m)	[ma'krɛl]
solha (f), linguado (m)	rødspette (m/f)	['røˌspɛtə]
lúcio perca (m)	gjørs (m)	['jøːʂ]
bacalhau (m)	torsk (m)	['tɔʂk]
atum (m)	tunfisk (m)	['tʉnˌfisk]
truta (f)	ørret (m)	['øret]
enguia (f)	ål (m)	['ɔl]
raia (f) elétrica	elektrisk rokke (m/f)	[ɛ'lektrisk ˌrɔkə]
moreia (f)	murene (m)	[mʉ'rɛnə]
piranha (f)	piraja (m)	[pi'raja]
tubarão (m)	hai (m)	['haj]
golfinho (m)	delfin (m)	[dɛl'fin]
baleia (f)	hval (m)	['val]
caranguejo (m)	krabbe (m)	['krabə]
água-viva (f)	manet (m/f), meduse (m)	['manet], [me'dʉsə]
polvo (m)	blekksprut (m)	['blekˌsprʉt]
estrela-do-mar (f)	sjøstjerne (m/f)	['ʂøˌstjæːŋə]
ouriço-do-mar (m)	sjøpinnsvin (n)	['ʂøːˈpinˌsvin]
cavalo-marinho (m)	sjøhest (m)	['ʂøˌhɛst]
ostra (f)	østers (m)	['østəʂ]
camarão (m)	reke (m/f)	['rekə]
lagosta (f)	hummer (m)	['hʉmər]
lagosta (f)	langust (m)	[laŋ'gʉst]

140. Anfíbios. Répteis

cobra (f)	slange (m)	['ʂlaŋə]
venenoso (adj)	giftig	['jifti]
víbora (f)	hoggorm, huggorm (m)	['hʉgˌɔrm], ['hʉgˌɔrm]
naja (f)	kobra (m)	['kʉbra]
píton (m)	pyton (m)	['pytɔn]
jiboia (f)	boaslange (m)	['bɔaˌʂlaŋə]
cobra-de-água (f)	snok (m)	['snʊk]

cascavel (f)	klapperslange (m)	['klɑpəˌslɑŋə]
anaconda (f)	anakonda (m)	[ɑnɑ'kɔndɑ]
lagarto (m)	øgle (m/f)	['øglə]
iguana (f)	iguan (m)	[igʉ'ɑn]
varano (m)	varan (m)	[vɑ'rɑn]
salamandra (f)	salamander (m)	[sɑlɑ'mɑndər]
camaleão (m)	kameleon (m)	[kɑmələ'ʉn]
escorpião (m)	skorpion (m)	[skɔrpi'ʉn]
tartaruga (f)	skilpadde (m/f)	['ʂilˌpɑdə]
rã (f)	frosk (m)	['frɔsk]
sapo (m)	padde (m/f)	['pɑdə]
crocodilo (m)	krokodille (m)	[krʉkə'dilə]

141. Insetos

inseto (m)	insekt (n)	['insɛkt]
borboleta (f)	sommerfugl (m)	['sɔmərˌfʉl]
formiga (f)	maur (m)	['mɑʉr]
mosca (f)	flue (m/f)	['flʉə]
mosquito (m)	mygg (m)	['mʏg]
escaravelho (m)	bille (m)	['bilə]
vespa (f)	veps (m)	['vɛps]
abelha (f)	bie (m/f)	['biə]
mamangaba (f)	humle (m/f)	['hʉmlə]
moscardo (m)	brems (m)	['brɛms]
aranha (f)	edderkopp (m)	['ɛdərˌkɔp]
teia (f) de aranha	edderkoppnett (n)	['ɛdərkɔpˌnɛt]
libélula (f)	øyenstikker (m)	['øjənˌstikər]
gafanhoto (m)	gresshoppe (m/f)	['grɛsˌhɔpə]
traça (f)	nattsvermer (m)	['nɑtˌsværmər]
barata (f)	kakerlakk (m)	[kɑkə'lɑk]
carrapato (m)	flått, midd (m)	['flɔt], ['mid]
pulga (f)	loppe (f)	['lɔpə]
borrachudo (m)	knott (m)	['knɔt]
gafanhoto (m)	vandgresshoppe (m/f)	['vɑn 'grɛsˌhɔpə]
caracol (m)	snegl (m)	['snæjl]
grilo (m)	siriss (m)	['siˌris]
pirilampo, vaga-lume (m)	ildflue (m/f), lysbille (m)	['ilˌflʉə], ['lysˌbilə]
joaninha (f)	marihøne (m/f)	['mɑriˌhønə]
besouro (m)	oldenborre (f)	['ɔldənˌbɔrə]
sanguessuga (f)	igle (m/f)	['iglə]
lagarta (f)	sommerfugllarve (m/f)	['sɔmərfʉlˌlɑrvə]
minhoca (f)	meitemark (m)	['mæjtəˌmɑrk]
larva (f)	larve (m/f)	['lɑrvə]

Flora

142. Árvores

árvore (f)	tre (n)	['trɛ]
decídua (adj)	løv-	['løv-]
conífera (adj)	bar-	['bɑr-]
perene (adj)	eviggrønt	['ɛviˌgrœnt]
macieira (f)	epletre (n)	['ɛpləˌtrɛ]
pereira (f)	pæretre (n)	['pærəˌtrɛ]
cerejeira (f)	morelltre (n)	[mʊ'rɛlˌtrɛ]
ginjeira (f)	kirsebærtre (n)	['çiʂəbærˌtrɛ]
ameixeira (f)	plommetre (n)	['plʊməˌtrɛ]
bétula (f)	bjørk (f)	['bjœrk]
carvalho (m)	eik (f)	['æjk]
tília (f)	lind (m/f)	['lin]
choupo-tremedor (m)	osp (m/f)	['ɔsp]
bordo (m)	lønn (m/f)	['lœn]
espruce (m)	gran (m/f)	['grɑn]
pinheiro (m)	furu (m/f)	['fʉrʉ]
alerce, lariço (m)	lerk (m)	['lærk]
abeto (m)	edelgran (m/f)	['ɛdəlˌgrɑn]
cedro (m)	seder (m)	['sedər]
choupo, álamo (m)	poppel (m)	['pɔpəl]
tramazeira (f)	rogn (m/f)	['rɔŋn]
salgueiro (m)	pil (m/f)	['pil]
amieiro (m)	or, older (m/f)	['ʉr], ['ɔldər]
faia (f)	bøk (m)	['bøk]
ulmeiro, olmo (m)	alm (m)	['ɑlm]
freixo (m)	ask (m/f)	['ɑsk]
castanheiro (m)	kastanjetre (n)	[kɑ'stɑnjeˌtrɛ]
magnólia (f)	magnolia (m)	[mɑŋ'nʊliɑ]
palmeira (f)	palme (m)	['pɑlmə]
cipreste (m)	sypress (m)	[sʏ'prɛs]
mangue (m)	mangrove (m)	[mɑŋ'grʊvə]
embondeiro, baobá (m)	apebrødtre (n)	['ɑpebrøˌtrɛ]
eucalipto (m)	eukalyptus (m)	[ɛvkɑ'lyptʉs]
sequoia (f)	sequoia (m)	['sekˌvɔjɑ]

143. Arbustos

arbusto (m)	busk (m)	['bʉsk]
arbusto (m), moita (f)	busk (m)	['bʉsk]

videira (f)	**vinranke** (m)	['vin‚rɑnkə]
vinhedo (m)	**vinmark** (m/f)	['vin‚mɑrk]
framboeseira (f)	**bringebærbusk** (m)	['briŋə‚bær busk]
groselheira-negra (f)	**solbærbusk** (m)	['sʊlbær‚busk]
groselheira-vermelha (f)	**ripsbusk** (m)	['rips‚busk]
groselheira (f) espinhosa	**stikkelsbærbusk** (m)	['stikəlsbær‚busk]
acácia (f)	**akasie** (m)	[ɑ'kɑsiə]
bérberis (f)	**berberis** (m)	['bærberis]
jasmim (m)	**sjasmin** (m)	[ʂɑs'min]
junípero (m)	**einer** (m)	['æjnər]
roseira (f)	**rosenbusk** (m)	['rʊsən‚busk]
roseira (f) brava	**steinnype** (m/f)	['stæjn‚nypə]

144. Frutos. Bagas

fruta (f)	**frukt** (m/f)	['frukt]
frutas (f pl)	**frukter** (m/f pl)	['fruktər]
maçã (f)	**eple** (n)	['ɛplə]
pera (f)	**pære** (m/f)	['pærə]
ameixa (f)	**plomme** (m/f)	['plʊmə]
morango (m)	**jordbær** (n)	['juːr‚bær]
ginja (f)	**kirsebær** (n)	['çiʂə‚bær]
cereja (f)	**morell** (m)	[mʊ'rɛl]
uva (f)	**drue** (m)	['druə]
framboesa (f)	**bringebær** (n)	['briŋə‚bær]
groselha (f) negra	**solbær** (n)	['sʊl‚bær]
groselha (f) vermelha	**rips** (n)	['rips]
groselha (f) espinhosa	**stikkelsbær** (n)	['stikəls‚bær]
oxicoco (m)	**tranebær** (n)	['trɑnə‚bær]
laranja (f)	**appelsin** (m)	[ɑpel'sin]
tangerina (f)	**mandarin** (m)	[mɑndɑ'rin]
abacaxi (m)	**ananas** (m)	['ɑnɑnɑs]
banana (f)	**banan** (m)	[bɑ'nɑn]
tâmara (f)	**daddel** (m)	['dɑdəl]
limão (m)	**sitron** (m)	[si'trʊn]
damasco (m)	**aprikos** (m)	[ɑpri'kʊs]
pêssego (m)	**fersken** (m)	['fæʂkən]
quiuí (m)	**kiwi** (m)	['kivi]
toranja (f)	**grapefrukt** (m/f)	['grɛjp‚frukt]
baga (f)	**bær** (n)	['bær]
bagas (f pl)	**bær** (n pl)	['bær]
arando (m) vermelho	**tyttebær** (n)	['tʏtə‚bær]
morango-silvestre (m)	**markjordbær** (n)	['mɑrk juːr‚bær]
mirtilo (m)	**blåbær** (n)	['blɔ‚bær]

145. Flores. Plantas

flor (f)	blomst (m)	['blɔmst]
buquê (m) de flores	bukett (m)	[bʉ'kɛt]

rosa (f)	rose (m/f)	['rʊsə]
tulipa (f)	tulipan (m)	[tʉli'pɑn]
cravo (m)	nellik (m)	['nɛlik]
gladíolo (m)	gladiolus (m)	[glɑdi'ɔlʉs]

centáurea (f)	kornblomst (m)	['kuːɳ‚blɔmst]
campainha (f)	blåklokke (m/f)	['blɔ‚klɔkə]
dente-de-leão (m)	løvetann (m/f)	['løvə‚tɑn]
camomila (f)	kamille (m)	[kɑ'milə]

aloé (m)	aloe (m)	['alʊe]
cacto (m)	kaktus (m)	['kɑktʉs]
fícus (m)	gummiplante (m/f)	['gʉmi‚plɑntə]

lírio (m)	lilje (m)	['liljə]
gerânio (m)	geranium (m)	[ge'rɑnium]
jacinto (m)	hyasint (m)	[hiɑ'sint]

mimosa (f)	mimose (m/f)	[mi'mɔsə]
narciso (m)	narsiss (m)	[nɑ'ʂis]
capuchinha (f)	blomkarse (m)	['blɔm‚kɑʂə]

orquídea (f)	orkidé (m)	[ɔrki'de]
peônia (f)	peon, pion (m)	[pe'ʊn], [pi'ʊn]
violeta (f)	fiol (m)	[fi'ʊl]

amor-perfeito (m)	stemorsblomst (m)	['stemʉʂ‚blɔmst]
não-me-esqueças (m)	forglemmegei (m)	[fɔr'glemə‚jæj]
margarida (f)	tusenfryd (m)	['tʉsən‚fryd]

papoula (f)	valmue (m)	['vɑlmʉe]
cânhamo (m)	hamp (m)	['hɑmp]
hortelã, menta (f)	mynte (m/f)	['mʏntə]

lírio-do-vale (m)	liljekonvall (m)	['liljə kɔn'vɑl]
campânula-branca (f)	snøklokke (m/f)	['snø‚klɔkə]

urtiga (f)	nesle (m/f)	['nɛslə]
azedinha (f)	syre (m/f)	['syrə]
nenúfar (m)	nøkkerose (m/f)	['nøkə‚rʊse]
samambaia (f)	bregne (m/f)	['brɛjnə]
líquen (m)	lav (m/n)	['lɑv]

estufa (f)	drivhus (n)	['driv‚hʉs]
gramado (m)	gressplen (m)	['grɛs‚plen]
canteiro (m) de flores	blomsterbed (n)	['blɔmstər‚bed]

planta (f)	plante (m/f), vekst (m)	['plɑntə], ['vɛkst]
grama (f)	gras (n)	['grɑs]
folha (f) de grama	grasstrå (n)	['grɑs‚strɔ]

folha (f)	**blad** (n)	['blɑ]
pétala (f)	**kronblad** (n)	['krɔnˌblɑ]
talo (m)	**stilk** (m)	['stilk]
tubérculo (m)	**rotknoll** (m)	['rʊtˌknɔl]
broto, rebento (m)	**spire** (m/f)	['spirə]
espinho (m)	**torn** (m)	['tʊːɳ]
florescer (vi)	**å blomstre**	[ɔ 'blɔmstrə]
murchar (vi)	**å visne**	[ɔ 'visnə]
cheiro (m)	**lukt** (m/f)	['lʉkt]
cortar (flores)	**å skjære av**	[ɔ 'şæːrə ɑː]
colher (uma flor)	**å plukke**	[ɔ 'plʉkə]

146. Cereais, grãos

grão (m)	**korn** (n)	['kʊːɳ]
cereais (plantas)	**cerealer** (n pl)	[sere'ɑlər]
espiga (f)	**aks** (n)	['ɑks]
trigo (m)	**hvete** (m)	['vetə]
centeio (m)	**rug** (m)	['rʉg]
aveia (f)	**havre** (m)	['hɑvrə]
painço (m)	**hirse** (m)	['hişə]
cevada (f)	**bygg** (m/n)	['bʏg]
milho (m)	**mais** (m)	['mɑis]
arroz (m)	**ris** (m)	['ris]
trigo-sarraceno (m)	**bokhvete** (m)	['bʊkˌvetə]
ervilha (f)	**ert** (m/f)	['æːt]
feijão (m) roxo	**bønne** (m/f)	['bœnə]
soja (f)	**soya** (m)	['sɔja]
lentilha (f)	**linse** (m/f)	['linsə]
feijão (m)	**bønner** (m/f pl)	['bœnər]

PAÍSES. NACIONALIDADES

147. Europa Ocidental

Europa (f)	Europa	[ɛʉ'rʊpɑ]
União (f) Europeia	Den Europeiske Union	[den ɛʉrʉ'pɛiskə ʉni'ɔn]
Áustria (f)	Østerrike	['østə,rikə]
Grã-Bretanha (f)	Storbritannia	['stʊr bri,tɑniɑ]
Inglaterra (f)	England	['ɛŋlɑn]
Bélgica (f)	Belgia	['bɛlgiɑ]
Alemanha (f)	Tyskland	['tʏsklɑn]
Países Baixos (m pl)	Nederland	['nedə,lɑn]
Holanda (f)	Holland	['hɔlɑn]
Grécia (f)	Hellas	['hɛlɑs]
Dinamarca (f)	Danmark	['dɑnmɑrk]
Irlanda (f)	Irland	['irlɑn]
Islândia (f)	Island	['islɑn]
Espanha (f)	Spania	['spɑniɑ]
Itália (f)	Italia	[i'tɑliɑ]
Chipre (m)	Kypros	['kʏprʊs]
Malta (f)	Malta	['mɑltɑ]
Noruega (f)	Norge	['nɔrgə]
Portugal (m)	Portugal	[pɔːʈʉ'gɑl]
Finlândia (f)	Finland	['finlɑn]
França (f)	Frankrike	['frɑnkrikə]
Suécia (f)	Sverige	['sværiə]
Suíça (f)	Sveits	['svæjts]
Escócia (f)	Skottland	['skɔtlɑn]
Vaticano (m)	Vatikanet	['vɑti,kɑne]
Liechtenstein (m)	Liechtenstein	['lihtɛnʂtæjn]
Luxemburgo (m)	Luxembourg	['lʉksɛm,bʉrg]
Mônaco (m)	Monaco	[mʊ'nɑkʊ]

148. Europa Central e de Leste

Albânia (f)	Albania	[ɑl'bɑniɑ]
Bulgária (f)	Bulgaria	[bʉl'gɑriɑ]
Hungria (f)	Ungarn	['ʉŋɑːɳ]
Letônia (f)	Latvia	['lɑtviɑ]
Lituânia (f)	Litauen	['li,tɑʊən]
Polônia (f)	Polen	['pʊlen]

Romênia (f)	Romania	[rʊ'mania]
Sérvia (f)	Serbia	['særbia]
Eslováquia (f)	Slovakia	[ʂlʊ'vakia]

Croácia (f)	Kroatia	[krʊ'atia]
República (f) Checa	Tsjekkia	['tʂɛkija]
Estônia (f)	Estland	['ɛstlan]

Bósnia e Herzegovina (f)	Bosnia-Hercegovina	['bɔsnia hersegɔ‚vina]
Macedônia (f)	Makedonia	[make'dɔnia]
Eslovênia (f)	Slovenia	[ʂlʊ'venia]
Montenegro (m)	Montenegro	['mɔntə‚nɛgrʊ]

149. Países da ex-URSS

| Azerbaijão (m) | Aserbajdsjan | [aserbajd'ʂan] |
| Armênia (f) | Armenia | [ar'menia] |

Belarus	Hviterussland	['vitə‚rʉslan]
Geórgia (f)	Georgia	[ge'ɔrgia]
Cazaquistão (m)	Kasakhstan	[ka'sak‚stan]
Quirguistão (m)	Kirgisistan	[kir'gisi‚stan]
Moldávia (f)	Moldova	[mɔl'dɔva]

| Rússia (f) | Russland | ['rʉslan] |
| Ucrânia (f) | Ukraina | [ʉkra'ina] |

Tajiquistão (m)	Tadsjikistan	[ta'dʂiki‚stan]
Turquemenistão (m)	Turkmenistan	[tʉrk'meni‚stan]
Uzbequistão (f)	Usbekistan	[ʉs'beki‚stan]

150. Asia

Ásia (f)	Asia	['asia]
Vietnã (m)	Vietnam	['vjɛtnam]
Índia (f)	India	['india]
Israel (m)	Israel	['israəl]

China (f)	Kina	['çina]
Líbano (m)	Libanon	['libanɔn]
Mongólia (f)	Mongolia	[mʊŋ'gulia]

| Malásia (f) | Malaysia | [ma'lajsia] |
| Paquistão (m) | Pakistan | ['paki‚stan] |

Arábia (f) Saudita	Saudi-Arabia	['saʉdi a'rabia]
Tailândia (f)	Thailand	['tajlan]
Taiwan (m)	Taiwan	['taj‚van]
Turquia (f)	Tyrkia	[tyrkia]
Japão (m)	Japan	['japan]
Afeganistão (m)	Afghanistan	[af'gani‚stan]
Bangladesh (m)	Bangladesh	[bangla'dɛʂ]

Indonésia (f)	**Indonesia**	[indʉ'nesia]
Jordânia (f)	**Jordan**	['jɔrdɑn]
Iraque (m)	**Irak**	['irɑk]
Irã (m)	**Iran**	['irɑn]
Camboja (f)	**Kambodsja**	[kɑm'bɔdʂɑ]
Kuwait (m)	**Kuwait**	['kʉvɑjt]
Laos (m)	**Laos**	['lɑɔs]
Birmânia (f)	**Myanmar**	['mjænmɑ]
Nepal (m)	**Nepal**	['nepɑl]
Emirados Árabes Unidos	**Forente Arabiske Emiratene**	[fo'rentə ɑ'rɑbiskə ɛmi'rɑtenə]
Síria (f)	**Syria**	['syria]
Palestina (f)	**Palestina**	[pɑle'stinɑ]
Coreia (f) do Sul	**Sør-Korea**	['sør kʉˌrea]
Coreia (f) do Norte	**Nord-Korea**	['nʉːr kʉ'rɛa]

151. América do Norte

Estados Unidos da América	**Amerikas Forente Stater**	[ɑ'merikɑs fo'rɛntə 'stɑtər]
Canadá (m)	**Canada**	['kɑnɑdɑ]
México (m)	**Mexico**	['mɛksikʉ]

152. América Central do Sul

Argentina (f)	**Argentina**	[ɑrgɛn'tinɑ]
Brasil (m)	**Brasilia**	[brɑ'siliɑ]
Colômbia (f)	**Colombia**	[kɔ'lʉmbiɑ]
Cuba (f)	**Cuba**	['kʉbɑ]
Chile (m)	**Chile**	['tʂilə]
Bolívia (f)	**Bolivia**	[bɔ'liviɑ]
Venezuela (f)	**Venezuela**	[venesʉ'ɛlɑ]
Paraguai (m)	**Paraguay**	[pɑrɑg'wɑj]
Peru (m)	**Peru**	[pe'ruː]
Suriname (m)	**Surinam**	['sʉriˌnɑm]
Uruguai (m)	**Uruguay**	[ʉrygʉ'ɑj]
Equador (m)	**Ecuador**	[ɛkʉɑ'dɔr]
Bahamas (f pl)	**Bahamas**	[bɑ'hɑmɑs]
Haiti (m)	**Haiti**	[hɑ'iti]
República Dominicana	**Dominikanske Republikken**	[dʉmini'kɑnskə repʉ'blikən]
Panamá (m)	**Panama**	['pɑnɑmɑ]
Jamaica (f)	**Jamaica**	[ʂɑ'mɑjkɑ]

153. Africa

Egito (m)	Egypt	[ɛ'gypt]
Marrocos	Marokko	[ma'rɔkʊ]
Tunísia (f)	Tunisia	['tʉ'nisia]
Gana (f)	Ghana	['gana]
Zanzibar (m)	Zanzibar	['sansibar]
Quênia (f)	Kenya	['kenya]
Líbia (f)	Libya	['libia]
Madagascar (m)	Madagaskar	[mada'gaskar]
Namíbia (f)	Namibia	[na'mibia]
Senegal (m)	Senegal	[sene'gal]
Tanzânia (f)	Tanzania	['tansa͵nia]
África (f) do Sul	Republikken Sør-Afrika	[repʉ'bliken 'sør͵afrika]

154. Austrália. Oceania

Austrália (f)	Australia	[aʊ'stralia]
Nova Zelândia (f)	New Zealand	[njʉ'selan]
Tasmânia (f)	Tasmania	[tas'mania]
Polinésia (f) Francesa	Fransk Polynesia	['fransk poly'nesia]

155. Cidades

Amesterdã, Amsterdã	Amsterdam	['amstɛr͵dam]
Ancara	Ankara	['ankara]
Atenas	Athen, Aten	[a'ten]
Bagdade	Bagdad	['bagdad]
Bancoque	Bangkok	['bankɔk]
Barcelona	Barcelona	[barsə'luna]
Beirute	Beirut	['bæj͵rʉt]
Berlim	Berlin	[bɛr'lin]
Bonn	Bonn	['bɔn]
Bordéus	Bordeaux	[bor'dɔ:]
Bratislava	Bratislava	[brati'slava]
Bruxelas	Brussel	['brʉsɛl]
Bucareste	Bukarest	['bʉka'rɛst]
Budapeste	Budapest	['bʉdapɛst]
Cairo	Kairo	['kajrʊ]
Calcutá	Calcutta	[kal'kʉta]
Chicago	Chicago	[ʂi'kagʊ]
Cidade do México	Mexico City	['mɛksikʊ 'siti]
Copenhague	København	['çøbən͵havn]
Dar es Salaam	Dar-es-Salaam	['daresa͵lam]
Deli	Delhi	['dɛli]

Dubai	**Dubai**	['dʉbɑj]
Dublim	**Dublin**	['døblin]
Düsseldorf	**Düsseldorf**	['dʉsəlˌdɔrf]
Estocolmo	**Stockholm**	['stɔkhɔlm]
Florença	**Firenze**	[fi'rɛnsə]
Frankfurt	**Frankfurt**	['frɑnkfʉːt]
Genebra	**Genève**	[ʂe'nɛv]
Haia	**Haag**	['hɑg]
Hamburgo	**Hamburg**	['hɑmbʉrg]
Hanói	**Hanoi**	['hɑnɔj]
Havana	**Havana**	[ha'vɑna]
Helsinque	**Helsinki**	['hɛlsinki]
Hiroshima	**Hiroshima**	[hirʉ'ʂima]
Hong Kong	**Hongkong**	['hɔnˌkɔŋ]
Istambul	**Istanbul**	['istɑnbʉl]
Jerusalém	**Jerusalem**	[je'rʉsalem]
Kiev, Quieve	**Kiev**	['kiːef]
Kuala Lumpur	**Kuala Lumpur**	[kʉ'ɑla 'lʉmpʉr]
Lion	**Lyon**	[li'ɔn]
Lisboa	**Lisboa**	['lisbʉa]
Londres	**London**	['lɔndɔn]
Los Angeles	**Los Angeles**	[ˌlɔs'ændʒələs]
Madrid	**Madrid**	[ma'drid]
Marselha	**Marseille**	[mar'sɛj]
Miami	**Miami**	[ma'jami]
Montreal	**Montreal**	[mɔntri'ɔl]
Moscou	**Moskva**	[mɔ'skva]
Mumbai	**Bombay**	['bɔmbɛj]
Munique	**München**	['mʉnhən]
Nairóbi	**Nairobi**	[nɑj'rʉbi]
Nápoles	**Napoli**	['napʉli]
Nice	**Nice**	['nis]
Nova York	**New York**	[njʉ 'jork]
Oslo	**Oslo**	['ɔʂlʉ]
Ottawa	**Ottawa**	['ɔtava]
Paris	**Paris**	[pa'ris]
Pequim	**Peking, Beijing**	['pekiŋ], ['bɛjʒin]
Praga	**Praha**	['prɑha]
Rio de Janeiro	**Rio de Janeiro**	['riu de ʂa'næjrʉ]
Roma	**Roma**	['rʉma]
São Petersburgo	**Sankt Petersburg**	[ˌsɑnkt 'petɛʂˌbʉrg]
Seul	**Seoul**	[se'uːl]
Singapura	**Singapore**	['siŋa'pɔr]
Sydney	**Sydney**	['sidni]
Taipé	**Taipei**	['tajpæj]
Tóquio	**Tokyo**	['tɔkiʉ]
Toronto	**Toronto**	[tɔ'rɔntʉ]
Varsóvia	**Warszawa**	[va'ʂava]

Veneza	**Venezia**	[ve'netsia]
Viena	**Wien**	['vin]
Washington	**Washington**	['vɔşiŋtən]
Xangai	**Shanghai**	['şaŋhaj]

www.ingramcontent.com/pod-product-compliance
Lightning Source LLC
LaVergne TN
LVHW051740080426
835511LV00018B/3165